ALAIN JAUBERT

FOTOS, DIE LÜGEN

Alain Jaubert

Fotos, die lügen

Politik mit gefälschten Bildern

athenäum

Titel der Originalausgabe: Le commissariat aux archives

Aus dem Französischen von Wolfgang Geiger und Silvia Hissen

CIP-Titelaufnahme der Deutschen Bibliothek

Jaubert, Alain:
Fotos, die lügen : Politik mit gefälschten Bildern / Alain Jaubert.
Aus d. Franz. von Wolfgang Geiger u. Silvia Hissen. – Dt. Erstausg. –
Frankfurt am Main : Athenäum, 1989
Einheitssacht.: Le commissariat aux archives < dt. >
ISBN 3-610-08523-1

Deutsche Erstausgabe

Umschlaggestaltung: Karl Gerstner, Basel
Satz: Fotosatz Engelhardt oHG, Bamberg
Druck und Bindung: Uhl GmbH Co., Radolfzell
Printed in Germany
ISBN 3-610-08523-1

»Und dieser Saal mit seinen rund fünfzig Angestellten war nur eine Untersektion, eine einzelne Zelle sozusagen, in dem gewaltigen Komplex der Dokumentations-Abteilung. Neben, über und unter ihnen waren andere Scharen von Angestellten mit einer unvorstellbaren Vielfalt von Jobs beschäftigt. Da gab es die riesigen Druckereien mit ihren Redakteuren, Typographen und raffiniert ausgestatteten Studios, in denen Fotos getürkt wurden. Da gab es die Tele-Programm-Sektion mit ihren Technikern, Produzenten und Teams von Schauspielern, die speziell im Hinblick auf ihr Stimmenimitationstalent ausgewählt worden waren. Da gab es die Heerscharen von Bibliothekaren, deren Aufgabe lediglich darin bestand, Listen von Büchern und Zeitschriften aufzustellen, die eingezogen werden sollten. Da gab es die gewaltigen Magazine, wo die korrigierten Dokumente aufbewahrt, und die verborgenen Feuerungsanlagen, wo die Originalausgaben vernichtet wurden. Und irgendwo saß, ganz anonym, der Gehirntrust, der das alles koordinierte und die politischen Grundlinien festlegte, die es erforderlich machten, daß dieses Bruchstück der Vergangenheit aufbewahrt, jenes gefälscht und wieder ein anderes ausgelöscht wurde.«

George Orwell, *1984*

Mussolinis Handschrift auf einem Foto: »Das ist kein fotografischer Trick!« Auszug aus *Storia fotografica del fascismo* von Renzo De Felice und Luigi Gola, Editori Laterza, 1981.

Einleitung

Über Auschwitz und über Kolyma ist alles gesagt worden, oder doch fast alles, was gesagt werden konnte: Diktatur, Führerkult, wissenschaftlich organisierte Ausrottung der Gegner, Konzentrationslager, Allmacht der Geheimdienste, politische Polizei, Zwangspropaganda und Terror. Auch interessierten sich die Historiker für die Desinformation, für die Umschreibung der Geschichte, für die Auswirkungen der Zensur und für die Erinnerungslücken. Die Rolle der Bilder in den Mechanismen der Tyrannei ist dagegen bislang nur zaghaft zur Sprache gebracht worden.

Die glatte, einheitlich glänzende Oberfläche eines Fotos mit ihrer in rechtwinkliger Strenge zugeschnittenen, keine äußere Welt zulassenden Begrenzung hat etwas merkwürdig beunruhigendes, vielleicht auch tragisches. Ein Bild – unwichtig momentan, was es darstellen soll – wird Ihnen zum Anschauen gegeben. Gebieterisch liegt es vor Ihnen. Wie könnte man an ihm zweifeln, wo uns doch seit 150 Jahren bekannt ist, daß es da einen »Apparat« gibt, der »die Wirklichkeit abbildet«? Tagtäglich sehen wir Hunderte von fotografischen Bildern, die uns ebenso wahr erscheinen wie die Wolken am Himmel. Und dennoch begegnet uns im Bild überall dieselbe Ambiguität: die Doppeldeutigkeit des auf eine zweidimensionale Oberfläche reduzierten Raums, der Zwiespalt der perspektivischen Überlagerung der Volumen, die Verschwommenheit der auf eine Skala von Grautönen reduzierten Farben. Eine Fälschung von – im wörtlichen Sinn – Grund auf…

Die ersten Fotografen waren verhinderte Maler und begriffen schnell, welchen Nutzen sie aus den angeborenen Unzulänglichkeiten der Erfindung ziehen konnten. Als sie versuchten, die Aufnahmemängel zu beheben – Staubkörner, Gelatinestückchen, Splitter von zerbrochenem Glas –, entdeckten sie, daß Pinsel und Deckfarbe Wunder wirkten. Wie es sich ergab, machte Ihnen der geschickte Künstler ein Gesicht zurecht, retuschierte Falten und Pickel weg und verbannte auf Verlangen den skandalumwitterten Onkel oder den unerwünschten Bastard vom Familienporträt. Derweil gingen die Fotografen zu weiteren Spielchen über: Der vorweggenommene Einzug Garibaldis in Rom, die »vor den Augen der Fotografen« füsilierten Geiseln der Pariser Kommune, der deutsche Kaiser, wie er sich zur Invasion Frankreichs anschickte, Roger Casements Ende und die gefälschten Siege des Ersten Weltkriegs gaben zu berühmten Montagen Anlaß. So schockierend und amüsant diese getürkten Aufnahmen auch sind – sie entsprachen doch nur den Kinderschuhen der modernen Propaganda. Sie waren lediglich das sichtbare Zeichen nur schemenhaft umrissener politischer Gruppierungen und Mächte, relativiert dazu durch die Kritik seitens politischer Gegner, die sich, je nach Stand der Demokratie, noch mehr oder weniger frei ausdrücken konnten.

Mit jener phallischen Laterne, die an Lenins Bauch herunterhängt und von der frommen Deckfarbe des Retuscheurs zum Verschwinden gebracht wird (S. 20), ebenso wie mit jenem falschen Bild von der Einnahme des Winterpalastes (S. 47), das man seit Ende 1920 als echt verbreitete, eröffnet sich uns eine ganz andere Welt. Die Bilder kursieren nicht mehr über die von freien Fotografen und unabhängigen Agenturen bewegte Zirkulation, sie werden jetzt von einer zentralen Stelle ausgegeben. Nun sind sie unmittelbar sichtbares Zeichen einer totalitären Macht, die sie zu ihrem eigenen Nutzen konfisziert, archiviert, klassifiziert und verbreitet, so als verkörperten sie *ihre* Wahrheit. Analyse, Kritik oder Zweifel gibt es nicht, denn es handelt sich um denselben Organismus, der zugleich den Umlauf der Bilder kontrolliert und der sämtliche Zeitungen liest, umschreibt, zensiert, genehmigt (oder verbietet). In der Sowjetunion hat die zuständige Behörde den niedlichen Namen *Glawlit*, was die Abkürzung für »Glavnoe upravlenie po delam literatury i izdateltswo« (Zentralverwaltung für Literatur und Verlagswesen) ist. Vervollkommnet wurde das System in den dreißiger Jahren (man ließ sich unmittelbar von den wahrlich verblüffenden Methoden des Goebbelschen Propaganda- und Informationsministeriums inspirieren), und es hat sich über alle Satellitenstaaten sowie über China, Albanien und Kuba ausgebreitet.

Die Retusche

Es gibt eine erste, sehr einfache Kategorie des Retuschierens, die sich als protokollarisch bezeichnen ließe. Ständig ist man darauf bedacht, die Fauxpas', also die unfreiwilligen kleinen Lächerlichkeiten, die das öffentliche Leben großer Männer unweigerlich mit sich bringt, wegzuretuschieren, oder auch die Verwechslungen und die Trompe-l'œils, die auf einer zufälligen Bewegung des im Schnappschuß erstarrten Schauplatzes beruhen, rückgängig zu machen. Ein Aktualitätenfoto läßt sich nicht in den erwünschten Kreis einer wohlgeordneten Bilderwelt einschließen. Immer kommt etwas anderes, Heterogenes hinzu: alte Lumpen, die herumliegen, jemand, der nicht am erwünschten Platz ist, ein Gegenstand, der sich perspektivisch mit einem anderen verbindet, die kleine Verzerrung, die sich der Ordnung der Kunst entzieht, um die gesamte Komposition in Alltagstrivialität einstürzen zu lassen. Man wird also die Persönlichkeit in einer neutralen, eher leeren Umgebung schweben lassen, wo nichts Schmutziges und nichts Doppeldeutiges die majestätische Haltung des Despoten stören kann.

Die ganze Generation derer, die – zu Beginn dieses Jahrhunderts geboren – sich in Moskau und Peking die Macht teilten, sah so jahraus jahrein ihre offiziellen Porträts mit glatten Gesichtern und entschlossenen Haltungen vor falscher Gesundheit aus längst verflossenen besten Jahren strotzen. Diese Fotografien, die nach sowjetischen Kriterien ganz ordentlich waren, haben für unser Empfinden etwas Bizarres an sich. Nirgends ist die Einstellungsschärfe auszumachen, weder an den Augen, noch an den Wangen, noch auf dem Stoffmuster des Anzugs. Gewiß sind die Gesichtszüge deutlich, und jedes Porträt hat seine besondere Eigenart, ist sofort wiederzuerkennen und der Person zuzuordnen. Aber all diese identifizierbaren Feinheiten sind in einen leichten Nebel getaucht, der die Wahrnehmung verwirrt wie in einem Traum. Die Schatten sind kaum kenntlich gemacht. Die Poren der Haut bleiben unsichtbar – stets ist sie von gleichmäßiger Glätte: eine entschlossene Rückkehr zur »künstlerischen Verschwommenheit« und zum »Glamour« der Hollywood-Porträts von 1930, die krasse Antithese zum gestochen scharfen Neorealismus der Nachkriegsjahre. Die offizielle Fotografie erzeugt einen astigmatischen Betrachter. Die Büsten treiben auf einem eintönigen, beziehungslosen Hintergrund, einer Art perlgrauer Leere, dämmerhaft, von einer Farbe zwischen Tag und Nacht. Die Erfindung des Dr. Bogomoletz war nur kurzlebig: Die Wahrheit der Jugend besteht weder in dem »Lebensstimulans« der Universität Kiew noch in den Sodabädern Olga Lepeschinskajas, geschweige denn in all den geheimnisvollen Elementen der Zellregenerierung, die unter dem aufmerksamen Blick des guten Stalin entdeckt wurden, und durch die wir nach Belieben in eine neue Haut schlüpfen können – es bedarf nur des Pinsels und der Deckfarbe des Retuscheurs. Damit das Porträt zur Ikone wird, muß es hinter den hauchzarten Schleier des Traumes gleiten und sich im grauen, neutralen und schwindelerregenden Himmel zu ewiger Jugend erheben.

Die Abhebung

Die protokollarische Retusche erforderte gelegentlich, daß eine oder zwei Persönlichkeiten deutlich hervorzuheben waren, und zwar losgelöst vom realen Hintergrund mit seinen Trivialitäten. Ein paar diskrete Pinselstriche reinigten dann die Umgebung des Helden. Aber diese Herauslösung kann auch Weite verleihen, indem sie eine breite Fläche um die Gestalt herum wegretuschiert und sie so innerhalb eines anderen, magischen Raums schweben läßt. Es ist möglich, den ganzen oder einen Teil des Hintergrundes und der zweitrangigen Persönlichkeiten wegzuretuschieren, also auch privilegierte Beziehungen zwischen einzelnen Personen herzustellen. Dieses Verfahren erfüllt nicht nur die manchmal so possenhafte Funktion des Wegretuschierens aus protokollarischen Gründen (häßliche Ehefrauen werden kaschiert, Geliebte verdeckt oder aber, wie Clara Petacci an Mussolinis Seite, besonders zur Geltung gebracht). Im allgemeinen spielt es eine weitaus würdigere Rolle, gehört es doch unmittelbar zum sakralen Antlitz der Macht: Der Tyrann ist unberührbar, unnahbar, er kann nicht durch gemeine Gegenstände oder zweitrangige Persönlichkeiten besudelt werden. Die Abhebung ist jene Lasur, die die religiöse Absonderung des Helden verstärkt, der leere Lichthof um den Einzigartigen herum, die Aureole, die seinen sakralen Leib umgibt.

Der Ausschnitt

Hin und wieder müssen zwei Prominente zusammengebracht werden, die sich weit auseinander oder auf zwei verschiedenen Fotos befinden, oder aber eine große Anzahl von Personen muß im selben Rahmen nebeneinander plaziert werden, um so eine geschichtsträchtige Szene zu bilden. Genau wie in Kinderspielen geht es darum, ein Papierfigürchen auszuschneiden und es vor einen neuen Hintergrund zu plazieren. Das Ergebnis kann dem einer einfachen Abhebung gleichen, und dennoch ist die Vorgehensweise grundverschieden. Bei der Abhebung wird an der Beziehung zwischen den Personen und deren Hintergrund nichts geändert, selbst wenn die freien Flächen dieses Hintergrundes fast völlig unter der Übermalung verschwinden. Mit dem Ausschneiden wird unserer Person eine totale Autonomie verliehen. Im Endergebnis handelt es sich um eine Zusammensetzung mindestens zweier, oft sogar mehrerer Fotografien. Damit wird das unendliche Möglichkeiten eröffnende Universum der Fotomontage betreten: Das Schicksal dieser Gattung und ihre Verwendung zur politischen Propaganda sind bekannt.

Zwischen der getürkten Fotografie, die man als echt verkauft, und der Fotomontage, die mit dem Ziel angefertigt wurde, eine politische Botschaft zu verbreiten, gibt es einen großen Unterschied. Die Fotomontage ist zumeist als solche erkennbar. Die Proportionen, Schnittlinien, Schatten, Veränderungen in der Körnung oder im Raster, die Vermischung der Gattungen (Fotografie, Zeichnung, Gemälde, Karikatur...), das Zusammenbringen von nicht zusammengehörigen Gegenständen oder Personen, die Unwahrscheinlichkeit der Situationen – alles Kennzeichen einer Fotomontage. Ganz anders ist dagegen die Funktion der Fotografie, die montiert wurde, um eine getürkte, aber glaubhafte Szene zu erstellen. Die Ränder der ausgeschnittenen Stellen dürfen nicht erkennbar sein, die Proportionen und Perspektiven müssen tadellos angeglichen werden, der Einfall des Lichtes, die Schatten, das Schwarz und das Weiß verschiedener Teile müssen sich entsprechen, Gesten und Blicke müssen übereinstimmen. Oft ist es schwierig, die Kohärenz der Szene ohne beträchtliches Kleben, Angleichen oder Retuschieren zu erreichen. Im Unterschied zur künstlerischen Fotomontage kommt es nicht mehr auf die »artistische« Tätigkeit an, wo Erstaunen und sogar Verblüffung dadurch erzeugt wird, daß man fremde Elemente aneinandersetzt, deren Zusammenhang eine neue Bedeutung, ein – ausgehend von den verschiedenartigen Einzelwahrheiten – Mehr an Wahrheit hervorbringt. Hier dagegen handelt es sich um geduldige »handwerkliche« Arbeit, die nicht als solche erkannt werden will: Man will nicht mehr verblüffen, ganz im Gegenteil jedes Staunen vermeiden, man will camouflieren, die Welt kohärenter, banaler machen, die Unterschiede verwischen. Die getürkte Fotografie ist nicht wirklich zum Anschauen gedacht – betrachtet man sie zu sehr aus der Nähe, so stürzt das zerbrechliche Lügengebäude ein. Sie ist dazu bestimmt, im Vorübergehen neben anderen gewöhnlichen Fotos gesehen zu werden.

Die Ausschnittvergrößerung

Die Ausschnittvergrößerung ist die einfachste Art, etwas auszulöschen; schließlich ist niemand dazu verpflichtet, eine vollständige Fotografie zu veröffentlichen. Von allen künstlerischen Handgriffen ist die willkürlichste Geste die des Fotografen: Ein Fenster wird in die Wirklichkeit geschnitten; einige Personen befinden sich im Ausschnitt, andere eben nicht. Schon hier findet eine Art Zensur statt, ein unerträglicher Einschnitt in die Wirklichkeit, die ihrer Vollständigkeit beraubt wird – durch die der imperialistischen Subjektivität des Fotografen anheimgestellte Zensur. Doch ist dies das Gesetz der Fotografie. Mehr oder minder bereitwillig unterwirft sich dem jeder, um darüber hinaus Vorrichtungen, Schnitte und Montagen zu ersinnen, die dem fotografischen Vorgang räumliche wie zeitliche Gestalt geben. Hinzu kommen die Zufälle oder die Zwänge des Drucks, des Umbruchs, der Reproduktion und der Publikation. Der Fotografie geht dabei stets etwas verloren. Andererseits gewinnt sie nie etwas hinzu. Man kann es sich so vorstellen, daß jede veröffentlichte, wieder veröffentlichte, geschnittene, nochmals geschnittene und mehrfach – in Presse, Büchern und Archiven – zerlegte Fotografie mit ihren aufeinanderfolgenden Schichten außerhalb der ursprünglichen Einstellung den Häuten einer Zwiebel gleicht. Vielleicht sind Millionen von Fotos – ohne die geringste Retusche erfahren zu haben – schon in sich getürkt, denn der ihnen aufgezwungene Rahmen verbirgt mehr als er enthüllt. Und alles in allem bleibt die Arbeit des ärgsten Retuscheurs bescheiden, vergleicht man sie nur mit dieser umfassenden Täuschung, die der Fotografie als solcher schon immer innewohnt.

Das Bild ist bekannt. Es befindet sich in allen Büchern über die Russische Revolution und in vielen anderen Werken, es symbolisiert alleine schon Leben und Wirken Lenins. Der Redner steht auf einer Bretterbühne. Sein Körper ist etwas aus dem Gleichgewicht geraten und nach rechts geneigt, das Gesicht ist verzerrt, der Mund geöffnet. Er hält eine Ansprache an die Menge. Mit seiner linken Hand stützt er sich auf das Geländer des Podiums, mit der rechten drückt er seine Mütze dagegen. Das Originalfoto, das damals gewiß weit verbreitet wurde, blieb erhalten. Es hat Querformat. Darauf sieht man die enge Treppe, die am rechten Teil des Podiums hochführt. Auf den unteren Stufen stehen Kamenew und Trotzki, die selbst darauf warten, das Wort zu ergreifen. Nach 1930 konnte kein Russe mehr dieses Foto vollständig sehen. Lenin als Redner oder Che Guevara als Guerillero sind die Produkte dieser alles Unerwünschte auslöschenden und von herrlichen Vergrößerungen gefolgten Neurahmungen. Vom Dokument zum Mythos...

Das Wegretuschieren

Die Ausschnittvergrößerung setzt neue Ränder und Margen. Manchmal genügt es allerdings nicht, daß eine Person völlig beseitigt wird. Beispielsweise ergibt sich die Notwendigkeit, einen Hauptakteur verschwinden zu lassen, dabei aber die historische Szene in ihrer Vollständigkeit zu erhalten. Man muß also schneiden und eine Spalte in den Hintergrund einfügen, eine Art Nabel, in den sich ein Teil des Fotos einstülpen läßt, wobei der ungebetene Gast in der so ausgehöhlten Versenkung untergeht. Dann genügt es, die beiden Ränder zusammenzufügen. Genau das geschah 1968 mit jenem Foto, auf dem Alexander Dubček durch das Herausschneiden eines Hauses am Prager Veitsdom verschwand und sein Verschwinden eine nur leichte Schwankung in den Perspektiven des Bildes bewirkte.

Allerdings sind diese simplen topologischen Figuren wie Schnitt, Spalte, Falte und Nabel nicht immer so leicht zu praktizieren. Um jemanden wegzuretuschieren, um ihn also unsichtbar zu machen, muß man an seiner Stelle den Hintergrund ergänzen oder gar eine andere Person einfügen. Weiße und schwarze Deckfarbe muß die Schattierung, die Strukturen und die Formen nachahmen, nach und nach die eliminierten Personen abdekken und zum allgemeinen Gleichgewicht der neuen Szenografie beitragen. Auf einer anderen Version des Leninschen Podiums geht Trotzki in der Holztreppe auf. Andernorts verschwindet Po Ku in einer chinesischen Fensterreihe.

Trotzkis fotografische Eliminierung setzte ein verbindliches Modell und hat die tschechischen, ungarischen, jugoslawischen und kubanischen Retuscheure inspiriert. Fortan lösen sich die Phantome in Mauern, Türen, Fahnen, Bauzäunen, Spiegeln, Teppichen und Wandbehängen auf. Aus der Retusche ist eine Ästhetik des Verschwindens geworden. Feinste Pinselstriche verbannen die Rivalen, die Arroganten und die Ehrgeizigen in den ewigen Staub der erstarrten Hintergründe.

Die Meisterwerke solcher Kunst sind letztlich diejenigen, denen es gelingt, sämtliche Techniken zu vereinen. Im Laufe der Zeit werden die Bilder wieder hervorgeholt, korrigiert und umgearbeitet. Und dies so sehr, daß häufig gar nicht mehr bekannt ist, wer wegretuschiert wurde und warum. Generationen gehen dahin, ihre Gesichter und Namen geraten in Vergessenheit, und die gefälschten Bilder überleben selbst denjenigen, der sie fabriziert hat. Die absolute Gewalt über die Körper, Kennzeichen der Tyrannei, spiegelt sich exakt in der Welt der Bilder wider. Eliminieren, liquidieren, die Körper wie die Namen der Rivalen oder Gegner verschwinden zu lassen – all diese Handlungen setzen sich beim Schneiden, Entfernen, Übermalen und Wegretuschieren der Papierfiguren um.

In ihrer Arroganz sind die Mächtigen nicht einmal stets darauf bedacht, die Fälschungen zu verhüllen. Sicherlich gibt es Fotos, die auf perfekte Art gefälscht sind. Aber hin und wieder führt man uns den Akt der Eliminierung gleich mit vor Augen. So retuschieren die Chinesen häufig weg, um nur noch deutlicher darauf hinzuweisen, daß jemand fehlt, wobei sie die vornehmen Maltraditionen des leeren oder ausgefüllten Raumes und des Helldunkels für einen profanen politischen Zweck mißbrauchen. Wang Yu: »Um eine wundervolle Wirkung zu erreichen, muß man mit der Tinte so umgehen, daß dort, wo der Pinsel anhält, plötzlich etwas anderes auftaucht.« Bei den Fotoserien zum Beispiel, die kurz nach Maos Tod und der Anprangerung der »Viererbande« veröffentlicht wurden, unternimmt man nicht einmal den Versuch, die Reihe der offiziellen Persönlichkeiten enger zusammenzuziehen. Die chinesische Deckfarbe, die ihre Gestalten im Hintergrund versinken läßt, hinterläßt dafür gähnende Leere, was die Tatsache, daß hier wegretuschiert wurde, augenblicklich enthüllt. Aus der regelmäßigen und geschlossenen Oberfläche tritt leerer Raum hervor. Darin besteht die Methode, die totalitäre Macht zu legitimieren, ihre Geltung und ihre Anmaßung zur Schau zu stellen: »Seht her, wie wir liquidiert haben! Wie wir fähig sind, auch euch zu liquidieren!«

Auch in den albanischen Museen klaffen riesige Löcher in den Gruppenfotos. Um das Wegretuschieren von Persönlichkeiten anschaulich zu machen, hat man hin und wieder deren Füße stehen lassen. Oder, noch gelungener, man beläßt die Personen an ihrem Platz, maskiert sie jedoch mit Tusche, Kitt oder sonstigem Gekritzel, damit das Ganze nur um so auffälliger wirkt. In Kuba wurden Fidel Castros »bürgerliche« Schwestern, die nur sehr lasche Anhängerinnen der Revolutionsregierung waren oder sogar ins Exil gingen, von ihrem großen Bruder wütend aus dem Familienalbum verbannt.

Was im Falle Dubčeks die besondere Brisanz der Fälschung ausmacht, findet sich in der linken Hälfte des Fotos (S. 138): eine Menschenmenge, Erwachsene und Kinder, die mit Fotoapparaten bewaffnet sind. Es ist anzunehmen, daß die Szene an jenem Tag gewiß zigmal aufgenommen wurde. Und gegen diese zahlreichen Beweisstücke, die der eine oder andere noch aufbewahrt haben mag, versucht das neue, von offizieller Seite ausgegebene Foto möglicherweise gar nicht den Eindruck zu erwekken, daß Dubček nicht dabeigewesen sei. Vielleicht geht es ganz im Gegenteil um das Wegretuschieren als solches, um das unheilvolle Knirschen des Dekors, das sich über der verschwundenen Persönlichkeit schließt, um den Taumel der Versenkung...

Und doch sind alle diese politischen Persönlichkeiten, ob sie nun, außer wegretuschiert, auch exekutiert sind oder das Wegretuschieren überleben, nur die unscheinbaren Komparsen einer Oper, die vielleicht gewaltiger ist, als selbst ein Wagner es sich erträumt hätte. Die Fälschungspraxis erstreckt sich auf Bücher, Zeitungen, Filme, Landschaften, Denkmäler, auf historische Begebenheiten und auch auf das große Werk, welches unter dem Vorwand, den neuen Menschen zu schaffen, Millionen von Zwangsarbeitern einsetzte. Und seitdem weiß man, was den Bildhintergrund ausfüllen würde: Zuchthäuser, Lager, Folter, Massaker. Noch nie waren Trugbilder so tödlich gewesen. Als Hunderte von Gefangenentransporter durch Moskau fuhren, um Tausende ihrer zukünftigen »zeks« in die Gefängnisse und Lager des Goulag zu karren, hatte man die feinsinnige Idee, berichtet Solschenizyn, die Wagen mit großlettrigen Beschriftungen »Brot« und »Fleisch« sowie mit Reklame für russischen Sekt zu verzieren. – Ein Jude, der von den Nazis gezwungen wurde, die 90 000 Hingerichteten von Wilna wieder auszugraben und zu verbrennen, berichtet in Claude Lanzmans *Shoa*: »Wer ›Toter‹ oder ›Opfer‹ sagte, wurde geschlagen. Die Deutschen zwangen uns, von den Leichen als *Figuren* zu sprechen, gemeint sind... Marionetten, Puppen, oder *Schmattes*, das heißt Lappen.« Brot, Fleisch, Sekt, Puppen..., die kleinen Beamten der weltweiten Zensurbehörden haben nicht aufgehört, ihre kleinen *Figuren* auszuschneiden, zu übermalen, zu verbrennen...

Und nun zu Orwell. Ja, Orwell hatte recht. Aber nicht ganz. Er hatte den Irrsinn, den Fetischismus und den letzten Endes beruhigenden Irrsinn des Systems vergessen. Verborgene Öfen, die die täglichen Ausgaben der *Times* verbrennen? Mag sein, doch wer glaubt, was in der *Prawda* steht, und an das, was man ihm in den Museen zeigt, an den echten oder falschen »gefälschten Ausweis Lenins«, an die wahren oder falschen Ausgaben der *Prawda* ohne Trotzki? Die vage Andeutung eines demokratischen Frühlings in der Tschechoslowakei genügte, daß alsbald die getürkten Fotos der tschechischen Geschichte *mit* ihren Originalfassungen auftauchten. Also hatte sie jemand aufbewahrt! Also hatte man nicht gewagt, sie zu vernichten! Das Erschrecken vor der fotografischen Gewißheit hatte die Schreckensherrschaft über die Leiber besiegt.

Doch die Gehängten, Vergasten und Erschossenen können mit unseren philosophischen Überlegungen zur Fotografie nichts mehr anfangen.

Stalin schnarcht in Stiefeln auf einem Sofa in seiner *Isba*, neben sich nur ein kleines Möbelstück, in dem sich nichts anderes als die aus Trotzkis Besitz beschlagnahmten Archive befinden. Glaubte er, sich so die Intelligenz seines verhaßten Rivalen aneignen zu können? Aller Wahrscheinlichkeit nach befinden sich diese Archive heute in den Truhen des Instituts für Marxismus-Leninismus. Wie die Fotografien von Trotzki. Wie die geheimen Statistiken des Gulag. Heutzutage träumen die Bibliothekare nicht mehr von der Bibliothek Alexandrias, noch von der des Vatikans, sondern von der Großen Bibliothek in Moskau.

Und beim Verbreiten der sukzessiven Versionen der Fotos bringen die Retuscheure die Pinsel durcheinander, veröffentlichen Bücher, in denen man von Kapitel zu Kapitel auf unterschiedliche Versionen stößt. In Yenan, dem Unterschlupf Maos nach dem Langen Marsch, sorgt sich der Konservator des Museums: Maos Stern sinkt, und sein Pferdchen wird trotz Glasvitrine und Naphtalin von den Motten zerfressen. In einem Land, in dem die Denkmäler über tausend Jahre bestehen, wird sein Museum nicht einmal dreißig Jahre Bestand haben. Der Konservator ist traurig. Er hat mehrere Sätze Fotos und weiß nicht mehr, welches er aufhängen soll. Er hat sehr wohl Liu Schao-ch'i mit der pockennarbigen Nase, den dicken Pen-chen und sogar den Spaßvogel Lin Piao in den Zeitschriften von Peking wieder auftauchen gesehen. Aber er hat keine Anweisungen erhalten. Er zögert, der arme, auf den Treppenstufen des Reiches vergessene Konservator. Nie hätte er sich träumen lassen, daß kleine Papierfiguren so rührig sein könnten.

Das legendäre Leben Lenins

Bis zur Oktoberrevolution waren nur wenige Fotos von Lenin in der russischen Presse erschienen. Während der Revolution ist Lenin hin und wieder auf manchen der noch seltenen Illustriertenfotos zu sehen, umgeben aber von anderen Bolschewiken.

Um 1920 nahmen sich die Propagandisten der Kommunistischen Partei des Leninschen Bildes an: mit überdimensionalen Porträts, die während der Versammlungen an den Fassaden prangten, mit Postkarten oder anderen Surrogaten für die traditionellen religiösen Ikonen, mit in der *Prawda* oder anderen Zeitungen erschienenen Fotodokumentationen. Obgleich Lenin sich öfter darüber mokierte, ließ er es dennoch geschehen, daß eine Art »Personenkult« begründet wurde.

Nach seinem Tod 1924 häufen sich die Bilder. Von März 1931 an sammelt das Institut für Marxismus-Leninismus andächtig alle von Lenin hinterlassenen Spuren. Die Geschichte wird neu geschrieben, indem man die gewaltsame Machtübernahme der Bolschewiken als Revolution der Massen und Lenin als deren einzigen großen Führer darstellt. Mit der Publikation von Stalins Buch über Lenin (1931) erreicht der Kult seinen Höhepunkt. Danach wird Lenin immer seltener erwähnt, und seine Bilder verschwinden zugunsten solcher von Stalin. 1955, im Zuge der Entstalinisierung, taucht die Leninsche Bildersammlung wieder auf, und zwar in noch nie dagewesener Fülle: Ihre Funktion besteht nun vor allem darin, die Herrschaft Stalins ungeschehen zu machen. Und mehr als dreißig Jahre nach Stalins Tod ist der Lenin-Kult noch ebenso rege, und die alten Fotografien spielen dabei eine entscheidende Rolle.

Im Laufe der Generationen und je nach den politischen Linien haben sie unterschiedliche Veränderungen erfahren. Mit Trotzkis Exil und Ermordung, den Wellen der Moskauer Prozesse, denen die Hinrichtung aller alten Bolschewiken folgte, dem Stalin-Kult und der anschließenden Entstalinisierung gehen das Verschwinden, die Ummodelung und manchmal auch das Wiedererscheinen von Fotos einher. Total wegretuschiert wurde nur im Falle Trotzkis. In anderen Fällen war es nicht selten so, daß die zu verschiedenen Zeiten retuschierten Fotos in denselben Büchern oder in aufeinanderfolgenden Auflagen nebeneinander zu sehen waren.

Schachpartie auf Capri

April 1908. Auf der Terrasse einer Villa auf Capri spielen Lenin und Alexander Bogdanow vor ihrem Gastgeber, dem Schriftsteller Maxim Gorki (der auf der Balkonbrüstung sitzt), Schach. Um sie herum sieht man A. Ignatjev (sitzend, auf dem Foto abgeschnitten), I. Ladyinikow (hinter Lenin sitzend), W. Bazarow (hinter Lenin stehend), Z. Peschkow (neben Gorki) und V. Bogdanowa. Gorki lebte sieben Jahre in dieser Villa, nachdem er Rußland kurz nach der Revolution von 1905 verlassen hatte. Zwecks Einrichtung einer Schule für revolutionäre Propagandisten stellte er sie den sozialdemokratischen russischen Emigranten zur Verfügung. Lenin selbst wohnte der Gründung dieser Schule bei und kam gelegentlich dorthin. Da aber Bogdanow und Gorki eine für sein Empfinden viel zu »spiritualistische« Atmosphäre pflegten, weigerte er sich, dort Seminare zu halten, und gründete seine eigene Schule in Longjumeau bei Paris. »Indem ihr den Gottesgedanken verschönert, verschönert ihr auch die Eisenketten, mit denen die *mujiks* und die unwissenden Arbeiter angekettet werden«, schreibt Lenin noch 1913 an Gorki. Lenin ist nach Capri gekommen, um die Gorki-Gruppe davon zu überzeugen, daß sie auf dem falschen Weg sei. Lenins Schachgegner ist Alexander Bogdanow, Philosoph und Schüler Machs, dessen Ideen Lenin in seinem soeben verfaßten Buch *Materialismus und Empirokritizismus* anprangerte. Bislang war Bogdanow ein sehr enger Mitarbeiter Lenins gewesen, brach aber dann mit ihm und widmete sich fortan wissenschaftlichen Studien. Der Mann mit Hut, der neben Gorki steht, ist Wladimir Bazarow, ein Wirtschaftswissenschaftler der Gruppe um Gorki. Als linker Bolschewik hat er

später sehr hart über Lenin geurteilt. 1930 wird er Opfer der ersten stalinistischen Schauprozesse und wird mit Tausenden anderer Wissenschaftler, Ingenieure und Funktionäre deportiert. Zwischen Gorki und Frau Bogdanowa ist der junge Zenowi Swerdlow (1884–1966) zu sehen, Bruder von Jakob Swerdlow, eines mit Lenin befreundeten Bolschewiken. Von seinem Vater verleugnet, war Zenowi von Gorki adoptiert worden, der ihm seinen eigenen (bürgerlichen) Namen Peschkow gab. Nachdem er Gorki nach Frankreich und Italien gefolgt war, tritt er 1914 in die Fremdenlegion ein. Im Stellungskrieg von 1915 verliert er einen Arm. Später wird er zu den weißen Armeen Admiral Koltschaks entsandt. 1923 erhält er die französische Staatsbürgerschaft, kämpft in Marokko und wird Mitarbeiter Lyauteys, bevor man ihn in die USA und in den Libanon schickt. 1941 trifft er in London General de Gaulle, der ihn nach dem Krieg mit mehreren wichtigen Missionen in Afrika und im Fernen Osten beauftragt.
Dieses Foto ist für Lenins Biographie durchaus von Bedeutung: Es ist eines der wenigen, das ihn im Exil zeigt, und das einzige, das eine entscheidende Phase seines philosophischen Kampfes gegen die »Abweichungen« von der revolutionären Bewegung illustriert. Aus diesem Grund konnte es nicht ganz aus den Geschichtsbüchern entfernt werden und erfuhr verschiedene Umarbeitungen. So macht man eine Ausschnittvergrößerung, wobei Lenin in die Mitte gesetzt und der unerwünschte Bazarow wegretuschiert wird. In einer anderen Version wird Peschkow wegretuschiert, der, da er die Sowjetunion verlassen hatte, um einem anderen Land zu dienen, als Verräter betrachtet werden mußte. Lenins Schachgegner Bogdanow konnte auf keinen Fall vom Bild verschwinden, doch wird er in den zugehörigen Bildunterschriften nur selten erwähnt.

1. Y. Jeliabujski. Zwischen dem 10. und 17. April 1908 auf Capri (Italien). In: *Proletarskaja revolutsia*, Nr. 1, 1926. An jenem Tag wurde eine ganze Fotoserie aufgenommen, weitere sind erschienen in *Ogonjok* (Nr. 17, 1928), *»Rabotnitza«* (Nr. 3, 1931), *Troud* (Nr. 55, 6. März 1966).
2. Nachrichtenagentur TASS (um 1936) und zahlreiche Veröffentlichungen.
3. Récits sur Lénine (1968). Varianten in I.M.L., *V.I. Lenin*, 1964, und in Lenin, Lunatscharski, *Mélanges littéraires*, Moskau 1971.

Hervorhebung und Restaurierung

1. Mai 1919. Lenin hält eine Rede auf dem Roten Platz zur Einweihung eines provisorischen Denkmals für Stepan Rasin, den Helden der Kosakenrevolte im 18. Jahrhundert. Wie bei vielen Fotografien ist das Originalnegativ eine Glasplatte, die durch Manipulationen schartig gemacht und zerbrochen wurde. In der meistverbreiteten Version ist das Bild restauriert und die Figur Lenins hervorgehoben worden. Vor allem wurde die etwas unpassende Laterne entfernt. Dieses ergreifende, Lenin als Redner aus der Froschperspektive zeigende Bild findet später bei Herstellern von Plakaten und Fotomontagen in der Sowjetunion wie in zahlreichen anderen Ländern der Welt reichlich Verwendung.

1. G.P. Goldstein. 1. Mai 1919, Moskau. *Krasnojarmeetz,* Nr. 62, 1924.
2. *Lenin, Leben und Werk,* Wien 1924. *Lenin in Bildern,* 1950, und in weiteren Veröffentlichungen.

Auf dem Lastwagen

25. Mai 1919. Seit einigen Monaten ist die Lage äußerst gespannt. Die weißen Armeen dringen vor, bedrohen Petersburg und Moskau. In dieser Zeit muß Lenin täglich Reden halten, um die Truppen anzufeuern. Hier sieht man ihn, wie er auf der Plattform eines Lastwagens steht und zu den Volksmilizen spricht, die sich auf dem Roten Platz versammelt haben. Der Mann hinter ihm ist Tibor Samuelli, der Sondergesandte der ungarischen Revolutionsregierung von Bela Kun, der nach Moskau gekommen ist, um die junge Sowjetmacht um Hilfe zu bitten. In der Stalin-Ära wird Lenin von der Umgebung abgehoben, damit er besser zur Geltung kommt, und im selben Zug wird jede Anspielung auf eine mögliche Internationalisierung der bolschewistischen Revolution wegretuschiert.

1. K.A. Kuznetsow. 25. Mai 1919. *Krasnaja letopis* (Rotes Manuskript) Nr. 1, 1924. Es gibt auch eine gefilmte Bildsequenz der *Kinokronika* von Dsiga Wertow, die in *Kinoprawda* Nr. 21 aufgenommen wurde.
2. Anfang der dreißiger Jahre. Zahlreiche Veröffentlichungen in der Sowjetunion und im Ausland, z.B. Alexander Bramin, *Vingt ans aux service de l'URSS*, Paris 1939.

Truppenparade

25. Mai 1919. Auf dem Roten Platz nehmen Lenin und die Militärführer die Parade der Volksmilizen ab. Die Illustratoren lassen oft nur die Person Lenins übrig, so daß seine unmittelbaren Nachbarn zwangsläufig wegfallen. Die völlig herausgelöste Gestalt ist ausgiebig für Plakate, Briefmarken, Abzeichen und Illustrationen aller Art verwendet worden.

1. Vielleicht N. Smirnow. 25. Mai 1919, Moskau. Broschüre *Iljitsch*, ohne Datum.
2. TASS von 1930 an. Existiert in mehreren verschieden gerahmten Formen und sogar als gänzlich herausgehobenes Bild.

Aufnahmen im Kreml

März 1919. In einem im Kreml eingerichteten Tonstudio nimmt Lenin eine Rede auf Schallplatte auf. Da er ziemlich nachlässig gekleidet ist und an Weste und Hosenschlitz Knöpfe zu sehen sind, lassen die Ikonographen des Instituts für Marxismus-Leninismus, die über die Archivierung und Verbreitung von Fotos wachen, diese ganz besonders empfindliche Gegend retuschieren. Bei dieser Gelegenheit verschönert man auch gleich das Gesicht des Redners und die Gegenstände im Hintergrund.

1. L.Y. Leonidow. 29. März 1919, Moskau. *Ogonjok*, Nr. 9, 1924.
2. *Récits sur Lénine* (1968). Sehr ähnliche Varianten in zahlreichen Werken, darunter *Lénine en images* (1950). Mehrere Gemälde in den Lenin-Museen (Moskau, Leningrad, Prag).

1. L.Y. Leonidow. 7. November 1919, Moskau. *Prawda*, Nr. 251, 9. November 1919, S. 3. *Lenin Album*, Moskau 1920.
2. Maßgebliche Ikonographie von 1930 an. *Lenin, Fotosammlung und Filmbilder.* Moskau 1970.
3. Filmstreifen über Tagesereignisse. *Die Oktoberfeierlichkeiten in Moskau,* Kameramänner G. Guiber und A. Lemberg, 1918. *Fotosammlung...* (1970).
4. *Biographischer Essay* (1970), *Kurzer biographischer Essay* (1972) und in unzähligen Broschüren, sogar in Reiseprospekten wie *Leninskié mesta v'Moskve (Auf den Spuren Lenins in Moskau,* ohne Datum).

Der Ellbogen Trotzkis

Kamenew, Lenin und Trotzki auf dem Roten Platz während einer Demonstration anläßlich des zweiten Jahrestages der Oktoberrevolution.
Leo Kamenew, Mitglied des Politbüros, dann Gegner Stalins, wird 1936 hingerichtet. Leo Trotzki, eine noch schillerndere Figur als Lenin, Unterzeichner des Vertrages von Brest-Litowsk, Kriegskommissar, Führer der Linksopposition und Hauptgegner Stalins, wird 1928 nach Alma-Ata deportiert und 1940 im mexikanischen Exil auf Stalins Befehl ermordet. In den Geschichtsbüchern der Stalin-Ära findet sich eine – noch immer verbreitete – Version dieses Fotos als kleiner Ausschnitt. Der Rahmen hat sich um Lenin herum verengt. Wer weiß denn noch, daß diese Schulter Kamenew und jener Ellbogen Trotzki gehört?

Bei mehreren anderen Aufnahmen im Laufe derselben Zeremonie nahmen Fotografen und Kameramänner der *Kinokronika* die drei in der Mitte aus unterschiedlichen Blickwinkeln auf. Später jedoch werden die Fotos und die von den Filmen kopierten Bilder derart manipuliert, daß nur die mehr oder weniger auf Lenin fixierten Bildeinstellungen beibehalten und Gesichter wie Kleider neu übermalt werden.

Vom Zentralkomitee zur Troika

Ein und dasselbe Negativ kann oft eine Vielzahl voneinander abweichender Abzüge hervorbringen. Davon zeugt dieses Gruppenfoto, das während des 8. Kongresses der bolschewistischen Partei 1919 entstand. Darauf sind Tomski, Laschewitsch, Smilga und etwa 15 andere zu sehen, die Stalin später umbringen ließ. Stalin sitzt hier genau neben Lenin, was in den Dokumenten jener Zeit recht selten ist. Seit Ende der dreißiger Jahre läßt man von dieser Aufnahme nur einen horizontalen Ausschnitt übrig, der Stalin, Lenin und Kalinin umfaßt. Vorder- und Hintergrund sind neu gemalt worden, um Kragen, Joppen, Tschapkas, Hände oder Gesichtsausschnitte vom Rest der Gruppe verschwinden zu lassen. Dergestalt erscheint das Trio in verschiedenen Rahmungen: rechteckig und mehr oder weniger im Längsformat, manchmal seitenverkehrt oder aber oval; und stets retuschiert: Lenin hält nicht unbedingt seine Aktentasche unterm Arm, und man verleiht seinen Zügen wie denen Stalins einen weicheren Ausdruck. Die kollegiale Führung der bolschewistischen Partei wird hier durch die Magie der Ausschnittvergrößerung in eine Art »Troika« verwandelt (die erste »Troika« von 1922 umfaßte Stalin, Sinowjew und Kamenew, doch folgten dieser noch weitere, reale oder fiktive Triumvirate). Kalinin wurde später Präsident der Republik und sollte bis zu seinem Tode 1946 eine exponierte Figur des Stalin-Regimes bleiben. Vielleicht rührte sein politisches Überleben von seiner außergewöhnlichen Ähnlichkeit mit Trotzki: In der Bilderpropaganda ersetzten die Gesichter der neuen Dirigenten – die oft genug wechselten – die alten Ikonen.

In verschiedenen Zeitschriften und Geschichtsbüchern der Stalin-Ära wird allerdings auch Kalinin entfernt, um so die enge Freundschaft und die außergewöhnliche Nähe der beiden Führer glaubhaft zu machen.

Jahre vergehen. 22. Parteikongreß. Entstalinisierung. In den Schulbüchern, die die sowjetischen Kinder unter der Ära Breschnjew erhalten, findet sich noch immer das gleiche Bild, doch ist der Ausschnitt diesmal nach rechts verschoben und zeigt nur noch Lenin und Kalinin. Gelegentlich posiert Lenin ganz allein, mit (oder ohne) Aktenmappe, als hätte ihn ein Fotograf in einem dunklen Flur nach einer Arbeitssitzung überrascht.

In den frühen achtziger Jahren schließlich, als Stalin allmählich wieder in den Geschichtsbüchern vorsichtige Erwähnung findet, dient gerade dieses Foto als Porträtvorlage des Diktators. Aber diesmal zeigt man ihn allein, von Lenin losgelöst.

1. Wahrscheinlich L.Y. Lenidow. 29. März 1919, Moskau.
2. *Istoria SSSR* (russische und französische Fassung Moskau 1947 und 1949).
3. *Lenin, wie Stalin ihn sieht,* Moskau 1939; und TASS um 1950.
4. *Istoria SSSR,* 9. Schuljahr (Abitursklasse), Moskau 1979.
5. *Lenin, Leben und Werk,* Moskau 1985.

И. Ленин, И. В. Сталин и М. И. Калинин на VIII съезде РКП(б). Март 1919

Фото.

Zoom aufs Zentralkomitee

Von einem 1922 aufgenommenen Gruppenfoto, auf dem über 100 Mitglieder des Zentralkomitees der Bolschewiki zu sehen sind, die sich um Lenin und Trotzki drängen, läßt die stalinistische Ikonographie nur das Gesicht Lenins in unmäßig vergrößerter und mit dem Pinsel überarbeiteter Form übrig. Trotzki (ein wenig rechts von der Bildmitte) und Kamenew (direkt links neben Lenin) werden vom Foto eliminiert und mit ihnen alle, die zwischen 1936 und 1940 auf Befehl Stalins hingerichtet wurden. Lenin war nur ein Mensch in der Menge. Späterhin findet man in den Büchern nur noch sein Gesicht. Rund ein Dutzend Gruppenfotos, auf denen Lenin abgebildet ist, wurden auf diese Weise zu Lenin-»Porträts«.

1. Fotograf unbekannt. 31. Oktober 1922, Moskau. *Album Jizen Lenina – Istoria RKP (sd).*
2. *Lenin, Fotosammlung. . . (1970).*

Mit Trotzki und Kamenew

Am Ende der Versammlung vom 5. Mai 1920 überrascht der Fotograf die drei Bolchewikenführer mitten in der Diskussion. In späteren sowjetischen Veröffentlichungen findet sich davon nur noch Lenins Gesicht.

1. L.Y. Leonidow. 5. Mai 1920, Moskau. *Ogonjok* Nr. 4, 1924.
2. Lenin, *Fotosammlung...* (1970).

Die alten Genossen von 1905

1920 versammeln sich die Mitglieder der bolschewistischen Partei, die an der Revolution von 1905 teilgenommen hatten, und posieren für den Fotografen. An Lenins Seite befinden sich Kamenew und einige andere, die Stalin später hinrichten ließ. Die Version dieses Fotos, die das Institut für Marxismus-Leninismus verbreitete, ist ein dicht neben Lenin abgegrenzter Ausschnitt.

1. V. Bulla. 29. März oder 5. April 1920. *Leningrad* Nr. 2, 1925, und in Henri Guilbeaux, *Le portrait authentique de Lénine*, Paris 1924.
2. *Lenin, Fotosammlung...* (1970)

Gesichter in der Menge

Petersburg, auf dem Platz vor dem Palais, Juli 1920. Anläßlich der Eröffnung des zweiten Kongresses der Komintern hält Lenin eine Gedenkrede auf Karl Liebknecht und Rosa Luxemburg. Am Fuße der Rednerbühne und um Lenin herum steht eine Menschenmenge. Ein gewöhnliches Foto, aus der Hand von Viktor Bulla, einem Fotografen, dem wir einige große Szenen der sowjetischen Geschichte und mehrere Porträts von Lenin verdanken, die dann wie Andachtsbilder zurechtgemacht wurden. Das Bild wurde in der ganzen Welt verbreitet. Aber in der offiziellen Version, der man auch im Moskauer Majakowski-Museum begegnet, sind die beiden Gesichter dicht hinter Lenin verschwunden, ebenso die links stehende dritte Person. Die Identifizierung des Mannes, dessen Gesicht von Lenin verdeckt wird, ist unmöglich. Mit dem hochgewachsenen Mann mit Mütze, den die Retuscheure im Gewirr der die Tribüne umgebenden Fahnen verschwinden ließen, kann man dagegen einen Namen verbinden; desgleichen mit dem Mann im grauen Mantel, den die Retuscheure in dem dunklen Anzug der Person mit Schlapphut direkt dahinter aufgehen ließen. Der Mann vor den Fahnen mit dem fröhlichen, runden Gesicht, dem dichten Schnurrbart und der schräg sitzenden Mütze ist ganz gewiß Nikolaj Bucharin (1888–1938); der Mann im Anzug mit Stirnglatze, ernstem, schmalem Gesicht, hervorspringenden Backenknochen und Schnurrbärtchen ist zweifellos Anastas Mikojan (1895–1978). Ersterer wurde 1938 hingerichtet. Der zweite überlebte lange, sogar unter Stalin. Daß er wegretuschiert wurde, ist sicherlich auf eine kurze Zeit der Ungnade zurückzuführen – oder vielleicht ganz einfach der Eifersucht Stalins zuzuschreiben, der, weil er nur auf sehr wenigen authentischen Fotos neben Lenin steht, es womöglich nicht ertragen konnte, daß einige seiner Mitstreiter »revolutionärer« gewesen sind als er selbst.

1. V. Bulla. 19. Juli 1920, Petrograd. In: *Krasnaja panorama* Nr. 3, 1924.
2. Majakowski-Museum; auch Agentur Nowosti, um 1950. Die Original-Version wurde etwa 1960 wieder veröffentlicht und ist in zahlreichen Werken abgebildet, wie in: *Sowjetische Fotografen* (1980) oder *Lenin, Leben und Werk* (1985).

Trotzki verschwindet

5. Mai 1920. Trotzki, Kamenew und Lenin richten nacheinander das Wort an die abrückenden Truppen, die gegen die polnische Armee kämpfen sollen (die im März in die Sowjetunion eingefallen war). Zwei Fotos zeigen Lenin auf der Rednerbühne; sie wurden im Abstand von wenigen Sekunden aufgenommen, jedoch aus leicht verschiedenen Blickwinkeln: zweifellos die berühmtesten der ganzen revolutionären Imagerie. Sie ermöglichten ein unendliches Repertoire von Plakaten, Fotomontagen, Buchumschlägen, Statuen, Monumentalgemälden, Mosaiken, Plaketten und Briefmarken. Allerdings ließen die Illustratoren nur Lenins Gestalt übrig. Seit den dreißiger Jahren, als Trotzki sich im Exil befand, erscheint das Foto nur noch in unterschiedlichen Ausschnitten (3 und 4). Die Zensoren konnten jedoch nicht der Versuchung widerstehen, eine vollständigere Fassung davon zu präsentieren, auf der Tribüne und Platz zu sehen sind: Das gelang ihnen, indem Trotzki und Kamenew wegretuschiert und an ihre Stelle Treppe und Bretter des Podiums hingemalt wurden (2). Die Staatsmaler behandeln das gleiche Thema in vielfältiger Weise, stets aber entfernen sie Trotzki und Kamenew. So verleiht 1932 J. Brodski, ein Maler des »sozialistischen Realismus« und Schüler Gerassimows, der Komposition wieder ihr Gleichgewicht (5), indem er einen Journalisten dahin plaziert, wo sich die beiden Bolschewiken befinden müßten!

1. P. Goldstein. Zwei weitere Fotos mit fast identischer Bildeinstellung zeigen Lenin in anderen Haltungen. Übrigens ist ein Foto von Trotzki bekannt, auf dem er spricht, während Lenin und Kamenew am Fuße des Podiums warten (vgl. David King, *Trotzky*, 1979). *Leninsky sbornik*, 1924, und H. Guilbeaux, op. cit.
2. Institut für Marxismus-Leninismus, *V.I. Lenin*, 1964. Erstveröffentlichung in *Krasnaja niva*, Nr. 8, 1928 (vollständige Version mit Trotzki).
3. *Lenin, Fotosammlung*, 1970. Sergej Morozow, *Tvorgeskaja Fotografia* (Kreative Fotografie), Moskau 1985.
4. *Lenin in Bildern*, 1950.
5. Gemälde von Brodski, *Sovjetskoje Iskonstvo 1917–1957*, Moskau 1957. Außerdem in *Lénine, sa vie et son œuvre*, 1985.

Im Kreise seiner Mitarbeiter

Der Fotograf überrascht Lenin inmitten seiner engsten Mitarbeiter bei einer Versammlung der Parteispitzen des IX. Kongresses der russischen Kommunisten im Jahre 1920. Die Person in der ersten Reihe ist Rykow. Sitzend von links nach rechts: Jenukidse, Kalinin, Bucharin, Stalin, Laschewitsch, Kamenew, Preobraschenski, Serebriakow, Lenin. In der zweiten Reihe hinter Bucharin: Metscheriakow, Krestinski, Berzin, Milutin, Smilga.
Jenukidze, Bucharin, Kamenew, Preobraschenski, Serebriakow und Rykow wurden zwischen 1936 und 1940 hingerichtet. Laschewitsch verübte 1928 Selbstmord. Die Versionen dieser Fotografie, wie sie nach dem 2. Weltkrieg das Institut für Marxismus-Leninismus herausgab, zeigten nur die rechte Hälfte in Ausschnittvergrößerung, gelegentlich auch nur das Gesicht Lenins.

1. V. Bulla. 29. März oder 5. April 1920, Moskau. *Leningrad* Nr. 2, 1925. Außerdem in: H. Guilbeaux, *Le portrait authentique de Lénine,* Paris 1924.
2. *Lenin, Fotosammlung...* (1970)

Lenin und Gorki

Juli 1920. Der zweite Kongreß der »Komintern« tagte im Uritski-Palast in Petersburg. Während einer Pause fotografiert Viktor Bulla eine Gruppe von Teilnehmern, die er in das Dekor einer verfallenen Freitreppe stellt. Um Lenin herum sind Radek (der auf dem Geländer sitzt und raucht), Bucharin (zweiter neben Radek), Gorki (hinter Lenin) und, direkt neben Gorki, Sinowjew, ferner der indische Delegierte M.N. Roy sowie Lenins Schwester Maria Uljanowa. Eine erste Version bewahrt von dieser Aufnahme lediglich einen schmalen senkrechten Streifen, der Lenin und Gorki zeigt und so Radek (1939 hingerichtet), Bucharin (1938 hingerichtet), Lenins Schwester (möglicherweise auf Befehl Stalins 1937 festgenommen) und Sinowjew (1936 hingerichtet), dessen Schulter man noch sieht, eliminiert. Diese »edle« Version wird im Ausland verbreitet und dort in Fotoausstellungen gezeigt. Auf anderen Versionen sind allerdings sogar die weiteren Personen um Lenin herum wegretuschiert. Das Geländer wurde ausgebessert und die beschädigten Treppenstufen übermalt. Abzeichen und Band in Lenins Knopfloch hat man entfernt. Weggefallen ist auch die bürgerliche Uhrenkette, die quer über seine Brust lief. Seine Schuhe sind blankgeputzt, die Knitterfalten auf Weste und Hose wegretuschiert, das wildwuchernde Unkraut zu seinen Füßen geschnitten. Sein hartes, von Schatten ausgehöhltes Gesicht ist weicher geworden. Seine Augen sind geöffnet. Sein Hals wurde verlängert, um so die abstehenden Ohren zu kaschieren. Der nachlässige kleine Finger, den Lenin aus seiner Hosentasche rausschauen ließ, steckt nun in der Tasche. Fünfundzwanzig Personen wurden entfernt, Details aller Art wegretuschiert, und was bleibt, ist das aufschlußreiche Bild »Lenin und Gorki im Jahre 1920«, das im Lenin-Museum in Moskau hängt und das die *Große sowjetische Enzyklopädie* (aber auch jedes westliche Buch über Lenin oder Gorki) abdruckt. In den *Gesammelten Werken* Gorkis erscheint dann eine andere Version von noch plumperer Ausführung: das Abzeichen ist in Lenins Knopfloch zurückgekehrt...

Trotz der Zerwürfnisse zwischen Gorki und Lenin, des mehrfachen Exils des Dichters, seiner politischen Vorbehalte und seines Mißtrauens gegenüber Stalin kehrte er schließlich in die Sowjetunion zurück und wurde von Stalin als »großer proletarischer Schriftsteller« und »Schöpfer der Sowjetliteratur« gefeiert. Er wird Mitglied der Lenin-Akademie und des zentralen Exekutivkomitees. Schulen, Theater und Fabriken werden nach ihm benannt. Selbst seine Geburtsstadt Nischni-Nowgorod erhält seinen Namen.

1. V. Bulla. 19. Juli 1920, Petrograd. *Komunistischeski internatsional* Nr. 13, 1920. Außerdem in *Ogonjok*, 2. Oktober 1927.
2. TASS ab 1945. In: *Sowjetische Fotografen* (1980), und in *Lenin, Leben und Werk* (1985).
3. Überdimensionale Fotomalerei des Lenin-Museums in Moskau. Katalog.
4. Maxim Gorki, Werke, Bd. 16, Moskau 1979.

Stalin zu Besuch bei Lenin

Zu Beginn des Jahres 1921 erkrankt Lenin schwer. Dennoch verbringt er die meiste Zeit in Gorki bei Moskau. An diesem Zufluchtsort empfängt er nur wenige Besucher.
Die Echtheit dieses Fotos wurde lange bezweifelt. Auch wenn es mehrfach retuschiert wurde (das Papier auf Lenins Knien, der Zigarettenstummel in Stalins Hand), so geht es anscheinend doch auf mehrere authentische Aufnahmen zurück, die Lenins Schwester Maria Uljanowa bei einem Besuch Stalins in Gorki im Sommer 1922 machte. Stalin schienen diese aber nicht zu genügen, denn zu Beginn der dreißiger Jahre wurde ein völlig zusammengestückeltes Bild verbreitet. Lenin sitzt tief in seinem Lehnstuhl; daneben hat ein väterlich erhöhter Stalin auf einem kaum angedeuteten Stuhl Platz genommen. Eine andere Montage zeigt die beiden Männer nebeneinander im Garten stehen. Diesmal hat man jedoch ein sehr unscharfes Foto vom selben Tag zur Grundlage genommen und darauf die Gesichter nachgemalt – oder aber es handelt sich um eine Aufnahme, die Lenin in Gesellschaft eines anderen Besuchers zeigt, dessen Gesicht durch das von Stalin ersetzt worden wäre. Diese Manipulationen hatten die präzise Funktion, Aussagen von Lenins *Testament,* einer lange geheim gehaltenen vertraulichen Aufzeichnung, zu begegnen. »Genosse Stalin hat dadurch, daß er Generalsekretär geworden ist, eine gewaltige Macht in seinen Händen vereint, und ich bin durchaus nicht sicher, daß er es immer verstehen wird, diese Macht mit genügender Behutsamkeit zu benutzen«, so Lenin. Und an anderer Stelle: »Stalin ist zu rücksichtslos, und wenn dieser Fehler auch in den Beziehungen unter uns Kommunisten erträglich ist, so wird er ganz unerträglich im Geschäftszimmer des Generalsekretärs.« Ein Großteil der Propagandabilder aus der Stalin-Ära zielt nämlich darauf ab, die Erinnerung an dieses *Testament* auszulöschen und dagegen die »enge Freundschaft« zwischen beiden Männern zu betonen.

1. Illustrierte Beilage der *Prawda* Nr. 215, 24. September 1922.
2. *Fotokronika,* Dezember 1938.
3. *Lenin, Leben und Werk,* 1985.
4. Lenin-Museum, Moskau 1939.

Das allmähliche Verschwinden eines Fernrohrs

In Gorki (heute »Gorki-Leninskie«), wo Lenin zurückgezogen lebte und am 21. Januar 1924 starb, widmete er sich der Lektüre. Manchmal aber betrachtete er mit Hilfe eines kleinen Teleskops den Himmel. Dieses Bild bereitete den Zensoren stets Schwierigkeiten. Denn das Fernrohr sieht darauf aus wie ein Gewehrlauf und scheint auf die Schläfe von Lenins Gefährtin Nadeshda Krupskaja (1869–1939) zu zeigen. Im Laufe der Jahre hat man das

Rohr auf verschiedene Art und Weise verkleinert. Gelöst wurde das Problem in der 1985 vom Institut für Marxismus-Leninismus veröffentlichten Version, worin das störende und beunruhigende Fernrohr ganz einfach wegretuschiert ist!

1. Maria Uljanowa. August oder Anfang September 1922. *Prawda* Nr. 215, 24. September 1922.
2. Presseagentur Nowosti, um 1970.
3. *Lénine, sa vie et son œuvre,* 1985.
4. A. Nenarokow, *Wladimir Lenin,* Agentur Nowosti 1985.

Szenen der Revolution

Als die sowjetischen Historiker einige Jahre nach der Oktoberrevolution begannen, die Geschichte der revolutionären Bewegung zu schreiben, stellten sie fest, daß die Bilder oft im Widerspruch zur offiziellen Linie standen. Die revolutionäre Bewegung war ausgesprochen vielschichtig: mehrere Parteien waren in der Duma vertreten, die Bolschewiken bildeten nicht allein die treibende Kraft, und zahlreiche Politiker hatten schon Hauptrollen inne, als Lenin noch ein Unbekannter war. Die Petersburger Straßendemonstrationen mobilisierten sehr unterschiedliche Massen, die sich vor allem aus Soldaten, Kleinbürgern oder Beamten, aber nur verhältnismäßig wenigen Arbeitern zusammensetzten. Dem Sieg der Bolschewiken folgte eine blutige Repressionswelle. Dann kam der Bürgerkrieg mit grausamen Massakern und Schrecken auf beiden Seiten.

Die ersten Eingriffe in die Fotografie erfolgten durch die Zensur: Von den Tausenden der damals entstandenen Fotos zeigte man bald nur noch diejenigen, die alleine die bolschewistische Bewegung betreffen, nämlich einige Demonstrationen vom Februar oder Juli 1917, dann die Ereignisse vom Oktober und nur die von den weißen Armeen verübten Massaker. Einige dieser Fotos mußten im übrigen diskrete Retuschen über sich ergehen lassen, damit sie mit der offiziellen Geschichte übereinstimmten: Die Demonstranten erhielten rote Fahnen; Spruchbänder »bürgerlicher« politischer Gegner wurden eliminiert, und nicht zuletzt wurden die religiösen Insignien, Plakate oder Standarten übermalt.

Auch stellte sich heraus, daß die Hektik, die Improvisation und das allgemeine Durcheinander der Revolutionstage verhindert hatten, daß jede Phase der Situation, jede Rede und jeder Angriff von den anwesenden Fotografen oder Filmleuten aufgenommen wurden. Die in dieser Zeit entstandenen Fotos hielten selten die entscheidenden Augenblicke fest (bemerkenswerte Ausnahme: der Schußwechsel vom 26. Juni auf dem Newskij Prospekt, von Viktor Bulla festgehalten). Vielmehr zeigten sie eher Stillstände, Pausen des Geschehens: die Roten Garden biwakieren in den Straßen oder am Smolny-Institut; der Winterpalast am Tag nach dem Angriff... Nichts vermochte ein klares, umfassendes Bild von der »großen proletarischen Revolution« abzugeben. Erst die Rekonstruktionen in Gestalt des Straßentheaters und des Films der zwanziger Jahre sollten den Historikern die ausstehende ikonographische Ergänzung liefern, was ihnen sogar ermöglichte, bis auf die Vorläufer-Revolution von 1905 zurückzugehen.

Seit 1927–1930 von TASS verbreitet. Es illustriert fast alle Geschichtsbücher in der Sowjetunion. Abgebildet ist es weiterhin in verschiedenen Bänden über die Geschichte der Fotografie: *Les premiers reporters photographes 1948–1914*, Paris 1977.

Der »Rote Sonntag«

Januar 1905. Petersburg. Generalstreik in den Putilow-Werken. Werften, Manufakturen und Webereien werden von der Bewegung erfaßt. Am Morgen des 9. Januar, einem Sonntag, begeben sich Zehntausende von Arbeitern auf einen Sternmarsch aus allen Vororten zum Winterpalast, der von der Armee beschützt wird. An der Spitze einer dieser Kolonnen befindet sich, von Ikonenträgern umringt, der Pope Gapon. Man will dem Zaren eine Bittschrift überreichen. Vor dem Narwa-Tor werden die Demonstranten aufgehalten, die Soldaten schießen auf sie. Es gibt zahlreiche Tote und Verwundete. Nachmittags leben die Zwischenfälle um den Winterpalast herum wieder auf, und in einem großen Durcheinander schießt die Armee auf Demonstranten wie auf Neugierige, die auf Bäume geklettert sind oder sich an den Gittern drängen. Dieser Tag wird als »Roter Sonntag« (manchmal auch als »Schwarzer Sonntag«) in Erinnerung bleiben.

Wenn an diesem Tag auch einige Fotos von Straßen und Barrikaden gemacht wurden, so hat doch keins die Intensität jener eindrucksvollen Aufnahme erreicht, die man erst gegen Ende der zwanziger Jahre in der Presse auftauchen sah. Die Aufstellung der Soldaten und der Massen im Schnee, der scharfe Kontrast von schwarz und weiß und der Schnitt der Diagonalen, all dies hat zum Erfolg des Bildes beigetragen, in dem man den sowjetischen Kinostil der zwanziger Jahre wiederzuerkennen glaubt. Es handelt sich nämlich um eine Szene aus *Dejatoe Janvaria* (»9. Januar«, ein anderer Titel lautet *Krovavoe voskresenie*, »Schwarzer Sonntag«), ein Film von Wjatscheslaw Wiskowski, eine plumpe historische Rekonstruktion, zum Teil mit professionellen Schauspielern (Jewgenij Boronihin in der Rolle des Popen Gapon und A. Edwakow in der von Nikolaus II.) 1925 in Leningrad gedreht. Der letzte Teil dieses sonst recht langweiligen Filmes ist wegen seiner Massenszenen bedeutend und erinnert in der Gestaltung an Eisenstein. Ob es sich nun um ein direkt vom Film kopiertes Fotogramm oder um ein Standfoto handelt, jedenfalls wird dieses Bild als authentisch ausgegeben und steht seit der Zeit, da der Film in die Kinos kam, in allen sowjetischen Publikationen für die Revolution von 1905.

Die Treppe von Odessa

Am 27. Juni 1905 brach unter der Besatzung eines Panzerkreuzers der russischen Schwarzmeerflotte, der *Kniaz Potemkine Tavrichevsky*, eine Meuterei wegen verdorbenen Fleisches aus. Angeführt wurde sie von dem Matrosen Afansi Matuschenko. Die Meuterer nahmen das Schiff in Besitz, töteten mehrere Offiziere, warfen andere ins Meer und gingen vor dem Hafen von Odessa vor Anker. Seit April gab es in der Stadt Streiks und Aufruhr. Am Morgen des 27. Juni hatte General Kochanow, Militärgouverneur des Gebietes, das Kriegsrecht ausgerufen. Gleich nach ihrer Ankunft hatten die Matrosen der Potemkin die Leiche von Gregori Wakulintschuk am Kai aufgebahrt; dieser Matrose war beim Ausbruch der Meuterei vom Ersten Kommandeur getötet worden. Am nächsten Tag versammelt sich eine so große Menschenmenge am Hafen, daß der General den Kosaken befiehlt, sie auseinanderzutreiben. Ein entsetzliches Massaker ist die Folge (in diesen Tagen gab es mindestens 6000 Tote). Einige andere Schiffe der Flotte folgen dem Beispiel der Potemkin und hissen die Rote Fahne. Dennoch verläuft diese Bewegung ergebnislos, und nach einigen Tagen entfernt sich das Schiff aus Odessa. Es fährt zunächst den rumänischen Hafen Konstanza an, wo die Matrosen ohne Zwischenfälle aufgenommen werden, dann den Kohlehafen Theodosia auf der Krim, wo man die Meuterer mit Gewehrsalven empfängt. Als die Potemkin am 8. Juli nach Konstanza zurückkehrt, wird sie geentert, und die Meuterer ergeben sich den rumänischen Behörden, die ihnen anbieten, im Land zu bleiben.

Dieses Abenteuer, so gewaltig es auch war, hatte dennoch wenig Spuren in der russischen Geschichte hinterlassen, als Sergej Eisenstein den Auftrag erhielt, an den 20. Jahrestag der Revolution von 1905 zu erinnern, und er es als Thema seines Filmes auswählte. Dieser wurde 1925 fertiggestellt und von den sowjetischen Behörden ziemlich kühl aufgenommen. Der riesige Erfolg, den er im Ausland hatte, führte schließlich dazu, daß er auch in seinem Herkunftsland Filmgeschichte machte. Seither sind die Filmbilder so oft reproduziert, ist der Film in der ganzen Welt so berühmt geworden, daß der Mythos die Geschichte ersetzt hat. Übrigens ist er in den Archiven nur unzureichend erhalten, und die Filmhistoriker streiten sich über zahlreiche Einzelheiten. Insbesondere gilt dies für die berühmteste und atemberaubendste Szene des ganzen Filmes, deren Intention Eisenstein selbst deutlich gemacht hat:

Das Geschehen auf der Treppe von Odessa –, *deren Stufen gleichsam als Widerhall der rhythmischen und dramatischen Gliederung der sich auf ihnen abspielenden Tragödie dienen. Die Szene des Massakers auf der Odessaer Treppe war in keinem der vorläufigen Szenarien und in keiner Montageliste enthalten. Sie ist aus dem Augenblick, aus der zufälligen Begegnung heraus entstanden. Die Anekdote, mir sei der Plan zu dieser Szene eingefallen beim Anblick über die Stufen hüpfender Kirschkerne, die ich oben, am Denkmal des Herzogs von Richelieu stehend, ausgespuckt hätte, ist natürlich eine Legende – wenn auch eine sehr farbige, so doch eine Legende. Es war in der Hauptsache nichts anderes als der »Lauf« der Stufen, der diesen Plan entstehen ließ und durch seinen »Aufschwung« die Phantasie der Regie zu einem neuen »Flug« begeisterte. Und der panische »Lauf« der Menschenmenge, die über die Stufen nach unten »fliegt«, ist, recht betrachtet, nur die materielle Verwirklichung dieser Empfindungen während der ersten Begegnung mit der Treppe selbst.*

Indem Eisenstein die ganze Imagerie der Unterdrückung auf die Treppe hin konzentrierte, schuf er eine Fülle starker und schöner Bilder von so großer Überzeugungskraft, daß fortan die Historiker die Geschehnisse jener Tage minutiös danach beschreiben, ohne sich bewußt zu sein, daß sie nur Bilder beschreiben, die sich allein der Filmemacher ausgedacht hat.

Vor der Meuterei gab es verschiedene fotografische Dokumente, die das Schiff selbst oder auf der Brücke postierte Offiziere zeigten. Während der Meuterei war kein Fotograf an Bord gegangen, und das Schiff befand sich zu weit vom Kai entfernt, als daß man Details hätte aufnehmen können. Bei dem Angriff der Kosaken entstand kein einziges Foto:

Für die Fotografen war es noch nicht üblich, direkt am Geschehen teilzunehmen. Dagegen veröffentlichte die europäische Presse in den darauffolgenden Wochen zahlreiche Fotos, die nach Beendigung der Unruhen aufgenommen wurden und die Auswirkungen der Plünderungen und Brände und die

sich auftürmenden Leichen zeigten. Die einzigen bekannten Fotos der Meuterer wurden in Rumänien aufgenommen, als die Potemkin in Konstanza vor Anker gegangen war.
Gegen Ende der zwanziger Jahre begannen die sowjetischen Historiker, angeregt durch Eisensteins Film, sich für die Meuterei zu interessieren und zögerten nicht, ihre Werke mit Ausschnitten des Films zu illustrieren: Sie griffen sogar die berühmte Treppenszene auf (1). Dann wurden die von Besuchern in Konstanza aufgenommenen »touristischen Fotos« retuschiert (die mit den Matrosen posierenden Besucher, vor allem die Frauen, verschwanden) und als in Odessa aufgenommene Bilder vorgestellt (2) trägt im allgemeinen die Bildunterschrift: »An Bord der Potemkin, kurz nachdem die Meuterer das Schiff in Besitz genommen haben.«) Andererseits wurden die Aufnahmen von den zahlreichen Plünderungen, Bränden und sogar Pogromen in Odessa sorgfältig vertuscht. Schließlich fertigte man stark idealisierte Porträts von den beiden Hauptthelden der Meuterei, Matuschenko und Wakulintschuk, an, wobei man von den einzigen verfügbaren Dokumenten, den militärischen Paßfotos ausgegangen war. So verschwinden die herben Gesichtszüge Matuschenkos, wie sie auf den in Konstanza aufgenommenen Fotos sichtbar sind (3), auf dem von sowjetischen Historikern veröffentlichten Porträt (4) völlig. Die artifizielle Verschwommenheit steht dem strengen anthropometrischen Realismus entgegen, der die militärischen Paßfotos jener Zeit bestimmte.

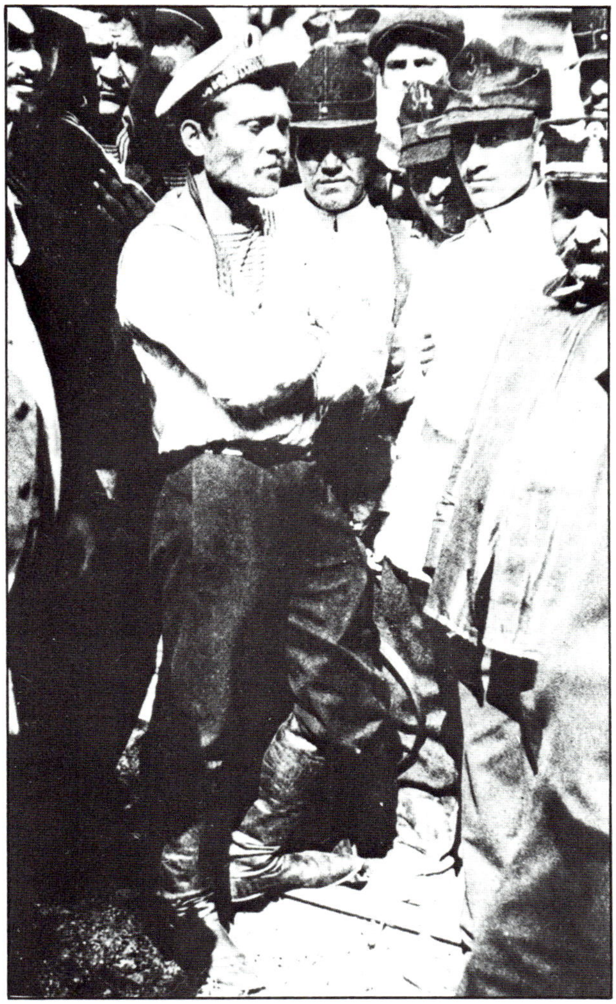

1. A. Fedorow, *Revolutioniye Vosstaniya v'Tchernomorskom flot v'1905 godou* (Die revolutionäre Erhebung der Schwarzmeerflotte von 1905), Moskau 1946.
2. Ein von M.A. Forst signiertes Foto, veröffentlicht in verschiedenen Zeitschriften (z.B. in *L'Illustration*, 22. Juli 1905). In retuschierter Form ist es in die meisten sowjetischen Geschichtsbüchern eingegangen.
3. *L'Illustration*, 22. Juli 1905.
4. A. Fedorow, op.cit., 1946. Außerdem in *Lenin, Leben und Werk*, 1985.

Der Sturm

Von allen Bildern der Oktoberrevolution ist das als »Der Sturm« benannte Foto gewiß das bekannteste und das am häufigsten reproduzierte. Es befindet sich in allen in der Sowjetunion veröffentlichten Geschichtswerken, in sämtlichen Broschüren über die Revolution sowie in einer immensen Zahl von Büchern, die in der ganzen Welt erschienen sind. Es gibt vor, einen Schlüsselmoment der »zehn Tage, die die Welt erschütterten«, zu zeigen, nämlich die Einnahme des Winterpalastes am 25. Oktober 1917. Im Hintergrund erkennt man die riesige Fassade des Palastes und links, mitten auf dem Vorplatz, den Sockel der Alexandersäule. Die Soldaten in der ersten Reihe rechts laufen auf den Palast zu und dabei hinter etwas her, das wie ein in Rauch gehülltes Panzerfahrzeug aussieht. Eine schöne Komposition. Bildeinstellung, Dichte und Dynamik machen es zu einem wahrhaft eindrucksvollen Revolutionsbild, das aller Geschichtsbücher würdig ist. Aber eben das Schöne daran macht es ein wenig verdächtig.

Ein erster Punkt des Zweifels: Man kann das wundersame Podest nicht erkennen, das zu Füßen des Fotografen auftauchen müßte. Auch kann man sich nur schwerlich den unerschrockenen Fotografen vorstellen, wie er auf dem Kanonenrohr sitzt und in labilem Gleichgewicht diese außergewöhnliche Bildeinstellung zuwege bringt.

Ein zweiter merkwürdiger Punkt: 1917 gab es um den Palast herum Schutzbarrikaden, die über drei Meter hoch waren und aus Pfosten oder Sandsäken bestanden (was uns paradoxerweise – manchmal in denselben Büchern – andere Fotos zeigen, die echt sind und am Vorabend oder am Tag danach aufgenommen wurden), auf dieser Aufnahme aber verschwunden sind.

Der letzte, zweifellos wichtigste Punkt: Der Zeitpunkt, den dieses Foto festhält, ist der Augenblick nach der Flucht der Kosakenkavallerie, als das Gitter gerade nachgegeben hatte und Rote Garden sowie revolutionäre Soldaten den Winterpalast attackierten, war der 25. Oktober gegen Mitternacht (oder der 7. November nach unserem Kalender). Das ganze ereignete sich also mitten in einer nordischen Herbstnacht und dazu in einer Stadt ohne Beleuchtung. »Es war völlig dunkel«, berichtet John Reed, der jener sich vortastenden Truppe folgte und die vorderen Reihen der Soldaten erst erkennen konnte, als sie gerade unter den Palastfenstern erschienen, die ihrerseits das schwache Licht der von Kosaken entfachten Fackeln reflektierten.

In jedem Bild – sei es auch noch so trügerisch – liegt eine Wahrheit. Dieses Foto stellt sehr wohl einen Sturm auf den Winterpalast dar. Es handelt sich sehr wohl um den 7. November. Und zum größten Teil sind es sicher auch echte revolutionäre Soldaten, die über den Platz laufen. Allerdings ereignete sich diese Szene drei Jahre später, im Jahre 1920 und am hellichten Tage, anläßlich einer großen Straßendemonstration, welche zur Erinnerung an jene Oktobertage vom Petrograder Militärdistrikt gemeinsam mit dem Agitationstheater der Freien Komödie (*Volnaija Komedia*), auch »Theater der revolutionären Satire« (*Terevsat*) genannt, organisiert worden war. Die Theatergruppe, die bis 1924 bestand (sich aber nach und nach entpolitisierte), trat in der Stadt, auf der Straße, in Fabriken und auf Brücken in Erscheinung und bezog das Publikum in ihre Aktionen mit ein. Als die großen Massenszenen der Revolution dargestellt werden sollten, wandte es sich an die Fabrikarbeiter und sogar an die Soldaten der Roten Armee (es gab übrigens mehrere Theatergruppen in der Armee selbst). Dies war auch der Fall bei der Darstellung des Sturms auf den Winterpalast, wobei 8000 Soldaten, 500 Musiker, Panzer, Kanonen und sogar der Kreuzer Aurora mobilisiert wurden. Bühnenbildner war Juri Annenkow, »befehlshabender« Regisseur Nikolaj Erejnow. Beide verließen danach die Sowjetunion und konnten im Exil die Wahrheit über diese Szenen berichten. Dennoch blieben die von ihnen inszenierten Bilder in den sowjetischen Büchern als echte Bilder der Revolution bestehen.

Anfangs, als dieses Bild nicht recht mit den Erinnerungen derjenigen übereinstimmte, die an der Oktoberrevolution teilgenommen hatten, druckte man eine sehr dunkle Version davon, auf der die Fenster des Winterpalastes mit weißer Deckfarbe hervorgehoben worden waren, um so die Illusion eines bei Nacht aufgenommenen und von innen erleuchteten Gebäudes zu erzeugen. Doch fand man bald wieder zu einer nüchterneren Version zurück. Später kommentierten und beschrieben zwei Historiker des sowjetischen Theaters das Schauspiel von 1920 wie folgt: »Eine der glänzendsten Ideen bei der ›Erstürmung‹ des Winterpalastes war offensichtlich die, den echten Winterpalast ins Spiel mit einzubeziehen.«

1. Unbekannter Autor. 7. November 1920. Zuerst in: John Reed, *Zehn Tage, die die Welt erschütterten,* Moskau, Paris, Berlin, Wien 1927.
2. Zahlreiche Veröffentlichungen in der Sowjetunion. Z. B. in: *Lenin, Partiya, Oktyabry* (Lenin, die Partei, Oktober), Moskau 1977. Auch in Geschichtsbüchern, Broschüren, Reiseführern, auf Postkarten usw.

Die Hand des Zaren

Die Dreharbeiten zu *Oktober* im Jahre 1927 sollten den sowjetischen Historikern die revolutionäre Imagerie beschaffen, die ihnen noch fehlte. Recht temperamentvoll berichtete Eisenstein, wie er innerhalb von sechs Monaten seinen Film in Petersburg (aus dem mittlerweile Leningrad geworden war) gedreht hatte. Dabei waren der Lebensrhythmus mehrerer Stadtviertel und die lässigen Gewohnheiten der Bewohner völlig aus dem Takt geraten. Eisenstein, dem über 100 000 Menschen zur Verfügung standen, setzte große Massenbewegungen in den Fabriken, auf den Straßen und Brücken und um den Winterpalast herum in Szene. Kameramänner und Fotografen hatten daher Zeit genug, schöne und gut inszenierte Bilder einzufangen, welche jeden der zehn Tage, »die die Welt erschütterten«, in vollem Glanze zeigten, ohne sich dabei dem Risiko eines Kugelhagels aussetzen zu müssen. Ein Filmkritiker drückte es so aus: »In *Oktober* finden sich Passagen, deren Inszenierung an den Ablauf der besten Tagesereignisse herankommt.« Und tatsächlich stößt man in den Geschichtsbüchern recht häufig auf Bilder aus *Oktober*, die als Fotografien der wirklichen Ereignisse ausgegeben werden, wie beispielsweise: Lenin als Redner (der Schauspieler Nikandrow/1), das Zentralkomitee (obgleich von Schauspielern dargestellt/2), die im Aufstand befindlichen Fabriken (3), der Angriff auf den Winterpalast (4). Ein anderer Aspekt des Films *Oktober* ist den Historikern lange entgangen. Man sollte natürlich vorsichtig sein, den Stab über Eisenstein zu brechen, denn man weiß, daß die erste, 1927 vom Regisseur gezeigte Fassung 3800 m lang war, die zweite, die dem Publikum zugänglich gemacht wurde, nur noch 2800 m und die in westlichen Kinematheken aufbewahrten Kopien kaum 2200 m überschreiten. Aber selbst wenn man sich leicht vorstellen kann, wie die auf Stalins Verlangen herausgeschnittenen Stellen ausgesehen haben mögen (als der Film gerade anläuft, wird Trotzki nach Alma-Ata deportiert, im darauffolgenden Jahr wird er aus der Sowjetunion ausgewiesen), ist es doch heute unmöglich, die karikaturhafte Sicht der Geschichte zu akzeptieren, die uns mit dem, was vom Film geblieben ist, vorgesetzt wird: die Bolschewiken als alleinige Akteure der Revolution, die Mensche-

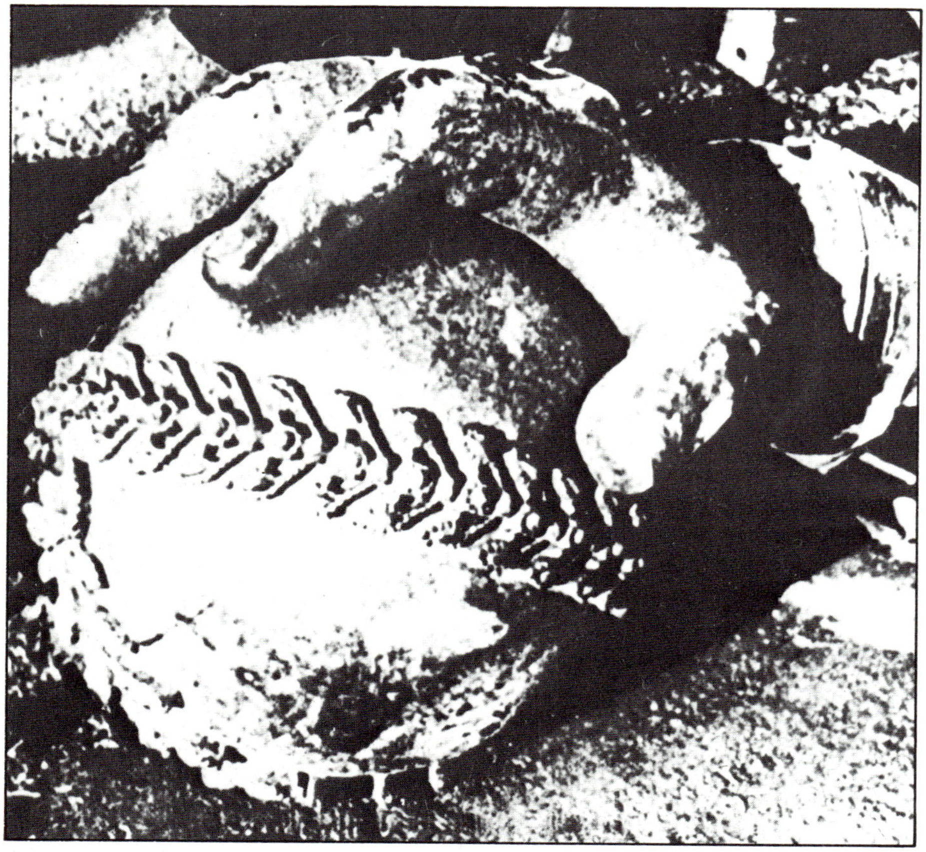

wiken als groteske Gestalten, Kerenski als widerwärtiger, feiger und größenwahnsinniger Diktator, mit Kornilow und den Rechten auf eine Stufe gestellt, die Kirche als Verbündeter der Revolution usw.
Auf den einleitenden Bildern des Films sieht man die riesige Statue Alexanders III. Der Zar sitzt auf seinem Thron, trägt die Krone auf dem Haupt, hält das Zepter in der rechten und den Reichsapfel in der linken Hand. Eine Schar von Bauern und Arbeitern umringt ihn und umwickelt die Statue mit Seilen. Dann sieht man die Statue Stück für Stück auseinanderbrechen. Während des ganzen Films fällt sie auseinander oder sie setzt sich wieder zusammen – je nach Stand der Revolution. Für Eisenstein war das Auseinanderbröckeln der Statue ein Symbol. Da es in einem mehrere tausend Aufnahmen umfassenden kontinuierlichen Handlungsablauf eingebettet ist, fragt man auch nicht nach einem realistischen Bezug dieses Bildes zu den tatsächlichen Ereignissen. Der Film spielt ausschließlich in Petersburg, wohingegen sich die Statue vor der Erlöserkirche in Moskau befand, von wo sie erst 1921 entfernt wurde. Niedergerissen wurde sie nicht von Arbeitern und Bauern, sondern von Funktionären der Stadt Moskau. Dennoch findet man in fast allen sowjetischen Handbüchern als Illustration jener Oktobertage 1917 Großaufnahmen von der Zarenhand mit dem Reichsapfel. So bezieht Eisensteins Inszenierung von 1927, in der er die Revolution von 1917 wieder heraufbeschwört, ein Geschehen von 1921 mit ein (das er mit Hilfe von Attrappen rekonstruiert hat); es folgen die sowjetischen Historiker die Eisensteins Bilder zur Illustration ihres eigenen Revolutionsepos weiterverwenden.

1, 2 und 3. Verbreitet durch TASS um 1930–1936 ohne Quellenangabe. Nachgedruckt von den meisten westlichen Agenturen (Keystone, Viollet) mit den Bildunterschriften »Versammlung des Zentralkomitees in Petersburg«, »Lenin hält eine Rede«, »Aufstand in den Fabriken«.
4. *V. I. Lenin, Bref essai biographique,* Moskau 1972. Dazu folgende Legende: »Am 7. November 1917 erstürmte das aufständische Volk von Petersburg den Winterpalast, das Bollwerk der konterrevolutionären Regierung.«
5. A. Nenarokow, *Rußland 1917. Die Revolution Monat für Monat,* Moskau 1977.

Verschleierung am Smolny-Institut

Das Smolny-Institut war ein Pensionat, das Katharina II. errichten ließ, um jungen Mädchen aus der Aristokratie eine neue Art von Erziehung zu ermöglichen. In diesem am Ufer der Newa und abseits vom Stadtzentrum gelegenen Gebäude hatte sich mit Kerenskis Einverständnis das zentrale Exekutivkomitee der Arbeiter- und Soldatenräte (Sowjets) eingerichtet. Der 2. Kongreß der Sowjets rief hier die Räteherrschaft aus (25.–27. Oktober 1917). Das Institut blieb Sitz der Räte bis zu deren Übersiedlung nach Moskau im März 1918. Von dort aus leiteten also die Bolschewiken den Aufstand und die Machtübernahme. Die zahlreichen Fotos aus jenen Revolutionstagen zeigen die Fassade des Smolny-Instituts, wie sie von Plakaten und Anschlagzetteln bedeckt ist. Eines dieser Bilder wurde aus einer Sequenz der Kino-Wochenschau kopiert und dann übermalt (2). Auf recht grobschlächtige Art und Weise wurde übertüncht, was auf dem Eingangspfeiler angeklebt war. Etwas besser zu erkennen sind die verdeckten Gegenstände auf einem anderen Foto, das von derselben Sequenz kopiert wurde (3), desgleichen auf dem Foto von Pjotr Ozup, das die Fassade des Instituts zeigt (1). Nach den Aussagen befragter Zeugen und Kenner könnte es sich hier um handgefertigte und von Trotzki selbst unterzeichnete Plakate handeln.

Das Foto von Pjotr Ozup wurde erstmals in John Reeds, *Zehn Tage, die die Welt erschütterten* (1927), veröffentlicht. Aber da war es bereits retuschiert. 1983 wurde es in der Ausstellung *Pionniers de la photographie russe soviétique* im Musée des arts décoratifs in Paris gezeigt (als Buch unter dem gleichen Titel, Paris 1983). Das retuschierte Foto ist abgebildet in A. Nenarokow, *Rußland 1917*, Moskau 1977. Das andere Foto befindet sich in *Chagi sovjetov*, 1917–1936, Moskau 1977.

Trotzkis Tür

LA PORTE DE TROTSKY A L'INSTITUT SMOLNY.

Dieses Bild wurde in den ersten illustrierten Ausgaben des berühmten Buches von John Reed, *Zehn Tage, die die Welt erschütterten,* veröffentlicht und trug damals die Bildunterschrift »Trotzkis Tür im Smolny-Institut«. Später, in den dreißiger Jahren, wurden mehrere Stellen des Buches gestrichen, insbesondere solche, die sich auf Trotzkis Rolle bei den Oktober-Ereignissen bezogen, und zwar nicht nur in den sowjetischen Ausgaben, sondern auch in denjenigen, die in verschiedenen Sprachen von den kommunistischen Parteien westlicher Länder veröffentlicht wurden. Natürlich ist damit auch Trotzkis Fotoporträt aus der ersten illustrierten Ausgabe weggefallen. Und aus »Trotzkis Tür« ist in John Reeds Werk wie in vielen illustrierten Geschichtsbüchern »Lenins Tür« geworden. Ebenso hat man im Smolny-Institut, das heute ein Museum ist, Lenins Wohnräume rekonstruiert, doch von anderen Bolschewiken, die in den Revolutionstagen dabeigewesen sind und später von Stalin liquidiert wurden, findet sich dort keine Spur.

21. Красногвардейцы охраняют вход в кабинет В. И. Ленина в Смольном. 1917 г.

Unbekannter Autor. Erstveröffentlichung in John Reed, *Zehn Tage...* Die Bildlegende in russischer Sprache wurde übernommen aus *Lenin, Leben und Werk,* Moskau 1985.

Mussolini, Herr der Bilder

Im März 1919 gründet Benito Mussolini, ehemals engagierter Sozialist, in Mailand die *Fasci italiani di combattimento* (Italienische Kampfgruppen*). Aus dieser Gruppe sollte zwei Jahre später der *Partito nazionale fascista* hervorgehen.
Im Oktober 1922 folgte der »Marsch auf Rom« von 40 000 »Schwarzhemden«, woraufhin König Viktor Emmanuel Mussolini in die Regierung beruft. Zunächst Ministerpräsident, errichtet Mussolini in der Folge der durch die Ermordung des sozialistischen Abgeordneten Matteotti 1925 provozierten Krise eine totalitäre Herrschaft unter seiner – des »Duce« – Führung: Scheinwahlen, Geheimpolizei, Bürokratie, Massenpartei, Indoktrinierung aller Bürger von Geburt an, Hausarrest für die Oppositionellen, Sondergerichte – noch bevor die Sowjetmacht von Stalin geprägt wird, bevor Hitler in Deutschland und Franco in Spanien die Oberhand gewinnen, hält das faschistische Italien das Modell eines modernen totalitären Staates für Europa bereit.
1924 gründet Mussolini *L'Unione Cinematografica Educativa* (»LUCE«, was im Italienischen zugleich »Licht« bedeutet). Das *Luce*-Institut produziert über zwei Jahrzehnte nahezu alle Propagandabilder des Regimes, ganz gleich, ob es sich um kinematografische, fotografische oder lediglich grafische Darstellungen handelt. Filme, Fotos, Postkarten, Spruchbänder, Plakate und Statuen vervielfältigen das Porträt des Duce bis ins unendliche. Dabei wird unaufhörlich manipuliert: Mussolinis Nachbarn oder triviale Details werden wegretuschiert, die Konturen werden hervorgehoben, die Fotos ummontiert, damit sie die größtmögliche emotionale Wirkung ausstrahlen. Und der Diktator, der sich gerne verkleidet und für jede symbolische und theatralische Inszenierung zu haben ist, wird zum Vorbild der männlichen und kriegerischen Tugenden des faschistischen Italiens.

* ital. *fascio*, von lat. *fasces* »Bündel«, auf das Hoheitszeichen der altrömischen Liktoren zurückgehend (Anm. d. Ü.)

Die Kornschlacht

In Gegenwart des Duce verkündet Giacomo Acerbo, Landwirtschaftsminister der faschistischen Regierung, die Ergebnisse der »Kornschlacht«. Der Faschismus mobilisiert die Arbeiter zu großen militärisch organisierten »Schlachten«: zur Kornschlacht (1925–1931), zur Schlacht um die Bodenverbesserung (ab 1928), um die Lira und um die Geburtenrate…
Alle Regierungsmitglieder tragen die faschistische Uniform: das Arbeitshemd der Landarbeiter aus der Emilia Romagna, aber auch die Uniform der *arditi*, der Freikorps aus dem 1. Weltkrieg (von denen einige 1919 dem Dichter Gabriele d'Annunzio nach der Stadt Fiume folgten, wo dieser die Macht an sich riß und für die Dauer eines Jahres ein Regime errichtete, das Vorbote des Faschismus war). Zweifellos bestand gleichzeitig eine gewisse Anlehnung an die »Rothemden« Garibaldis, die zwischen 1848 und 1867 eine zentrale Rolle in der italienischen Geschichte eingenommen hatten.
Aus einem Foto, das während der besagten Feierstunde aufgenommen wurde und das den Duce in einer von ihm bevorzugten Haltung – steif, mit verschränkten Armen, todernstem Gesicht und strengem Kinn – zeigt, stellt das *Luce*-Institut durch die Herauslösung des Duce ein ergreifendes Porträt her, das sogleich millionenfach in Form von Postkarten, größeren und kleineren Plakaten, Bildchen für brave Schüler, emaillierten Plaketten und, wohlbemerkt, auch als Fotografie zum Einrahmen und Aufhängen für zu Hause oder in öffentlichen Gebäuden Verbreitung findet.

1. Unbekannter Autor. Wahrscheinlich um 1926–1928.
2. Plakat, Foto und Postkarte. *Luce*-Institut, dreißiger Jahre.

1. 29. Juni 1942. Unbekannter Autor, verbreitet vom *Luce*-Institut.
2. Luise Diel, *Mussolini. Mit offenem Visier,* 1943. Außerdem in Giorgio Pini, *Mussolini, l'uomo e l'opera,* 1953–1958.

Das Schwert des Islam

29. Juni 1942. Mussolini, der gerade in Tripolis gelandet ist, steigt aufs Pferd und schwingt das goldene Schwert des Islam, welches ihm libysche Moslems übergeben haben. In den vorausgegangenen Wochen haben die deutsch-italienischen Truppen unter Führung Erwin Rommels Tobruk eingenommen und sind nach Ägypten vorgedrungen. Mussolini sieht sich schon in Kairo. An Ort und Stelle erfährt er allerdings, daß Rommel, von Hitler soeben zum Marschall befördert, in El Alamein haltgemacht hatte. Mussolini verbringt einige Tage in Libyen und kehrt dann verdrossen nach Rom zurück. Im Herbst sollte dann Montgomery El Alamein zurückerobern und Rommels Afrika-Korps unerbittlich zurückdrängen.
Die historische Aufnahme wurde von unwichtigen Einzelheiten wie der Person im Hintergrund und dem Stallknecht befreit, um den Duce in seiner ganzen grandiosen Einsamkeit zu präsentieren.

Auf dem Podium

Zum faschistischen Tag der Arbeit am 22. April 1934 hält Mussolini eine flammende Rede. Mit dem Arbeitsgesetz von 1927 wurde der Typus eines korporativen Systems geschaffen, das sicherlich eine Zeitlang eine gewisse Vollbeschäftigung gewährleistet, die Arbeiter aber über ihre Arbeitsstunden hinaus einspannt. Fotos von jenem Tag werden zum Gegenstand verschiedener Manipulationen. Die herausgelöste Gestalt des Redners wird in Form von Plakaten, Zeitschriftentiteln und Postkarten weiterverwendet. In einer Version des Luce-Instituts macht man aus dem Duce sogar eine Art Statue: Das Podium wurde in einen Sockel umgewandelt, worin das Datum der Zeremonie nach dem faschistischen Kalender eingraviert ist. Ein anderes, am gleichen Tag aufgenommenes Foto wurde derart retuschiert, daß der Duce vom Hintergrund losgelöst und ohne das dicke Seil auftritt, das vor seinem Körper durchs Bild läuft. Diese Ansichten eines Duce mit geballter Faust und zum Ausstoß von Wortsalven geöffnetem Mund, doch von trivialen Details gereinigt, tragen entweder die simple Bildunterschrift »Mussolini als Redner« oder, etwas pompöser, »Der Schmied der Worte« oder »Der Gründer des Imperiums«. Gelegentlich finden sich da auch die zu seiner Epoche am häufigsten wiederkehrenden Parolen wie »Credere, obbedire, combattere!« (Glauben, gehorchen, kämpfen!) oder »Mussolini ha sempre ragione!« (Mussolini hat immer recht!).

1. 21. April 1934.
2. In dieser Form vom *Luce*-Institut verbreitet.
3. Am selben Tag.
4. In dieser Form veröffentlicht von Luise Diel, *op.cit.*

21 APRILE XII

ARX
OMNIV
NATION

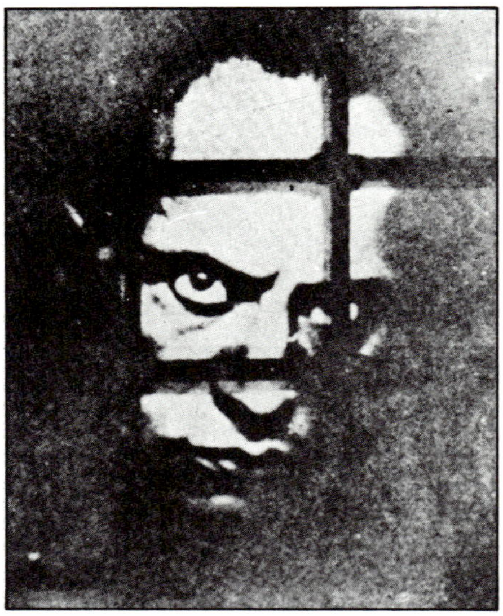

Ein überquellender Bilderbogen

Selten hat ein Regierungsoberhaupt Anlaß zu einer solchen Bildervielfalt gegeben. Mussolini hat sich um alles gekümmert, sich überall gezeigt und sich stets von Fotografen begleiten lassen. Die Öffentlichkeit sah ihn Violine spielen, fechten, tauchen, mit dem Karabiner schießen, bei der Ernte oder beim Schmieden. Man sah ihn als Bauer, als Arbeiter, als Feuerwehrmann verkleidet, als *Bersagliere**, Taucher, Reiter, Flieger, Motorradfahrer, Seemann und Bergarbeiter, oder in allen möglichen Rollen von Angehörigen der jeweiligen Berufskorporationen, die er gerade besuchte. Er scheute sich auch nicht, sich mit nacktem Oberkörper oder in der Badehose zu zeigen. Von der hochformatigen Gasmaske und der bürgerlichen Melone bis hin zum Faschistenfez, von der amerikanischen Schirmmütze bis zum Soldatenhelm – die Journalisten suchten alle Kopfbedeckungen des Duce zu erfassen. Dabei stand Mussolinis etwas unbändiges Verhalten durchaus im Einklang mit den Belangen der Propaganda. Der Duce als Vorbild an kriegerischem Mut, heldenhafter Arbeit, italienischer Männlichkeit – seine Bilder spiegeln die großen faschistischen Themen wider: Leben im Freien, riskante sportliche Betätigungen, antike römische Traditionspflege usw. Viele dieser Fotos werden um einer größeren Wirkung willen retuschiert. Bei der Bearbeitung eines Fotos, das den Duce in seinem Rennwagen (1) zeigt, hilft man der Intensität seines Blicks nach und behandelt den Hintergrund mit gleichmäßigen Farbtönungen: Die malerische Wirkung verleiht dem Bild größere Dynamik. Oder aber man taucht das strenge Gesicht des Duce ins Dunkel, so daß die beunruhigende Wirkung erhöht wird. Verständlicherweise drehten die italienischen Antifaschisten dieses Bild für ihre Zwecke um, indem sie die Gitterstäbe eines Gefängnisses darüberzogen (3). Die Collage der Gestalt des Duce vor einem ehrwürdigen Hintergrund, etwa dem Kolosseum (4), oder das entgegengesetzte Prinzip der Herauslösung aller Konturen (5) folgen der gleichen, nach antikem Muster gebildeten Sakralisierungsabsicht. Manchmal läßt sich der »Maler« ganz von der Begeisterung für sein Thema mitreißen und schweift weit ab von der Fotografie (6).

* Angehöriger einer italienischen Elitetruppe (Anm. d. Ü.)

1. Giorgio Pini *op.cit.*
2. Plakat von 1925.
3. Antifaschistische Postkarte als Reaktion auf die Ermordung des sozialistischen Abgeordneten Matteotti (1925).
4. 1936 verbreitetes Plakat.
5. Mehrere Fassungen, unter anderem in Giorgio Pini, *Mussolini,* Berlin 1940, und in Luise Diel, *op.cit.*
6. 27. April 1924. Giorgio Pini, *op.cit.*

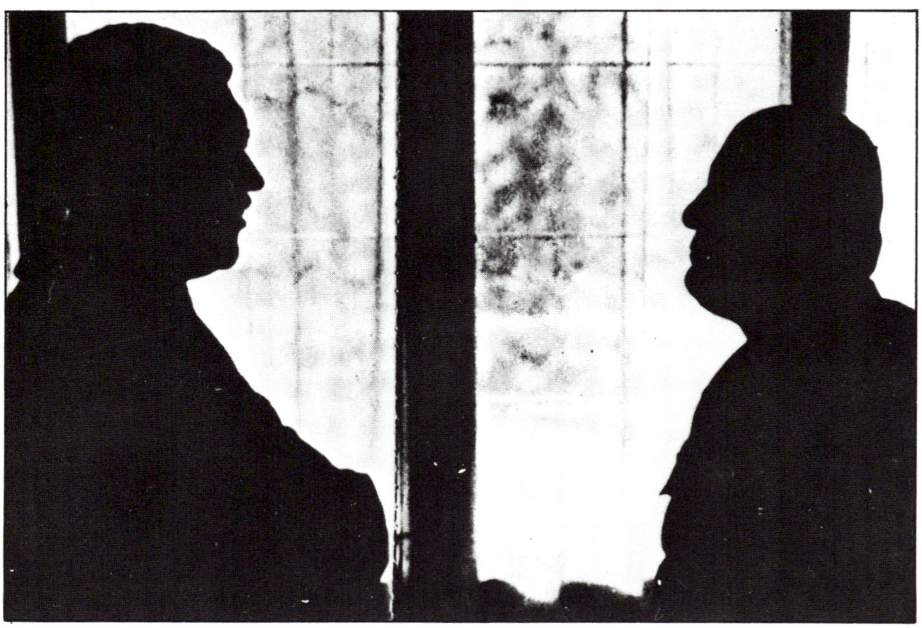

Die beiden Schatten der Achse

Eine der historischen Begegnungen zwischen Mussolini und Hitler, welche die politische Propaganda beider Länder intensiv ausschlachtete, um die Achse Berlin-Rom zu bekräftigen: ohne sich dabei des zuweilen grotesken Anblicks bewußt zu werden, den das ausstaffierte Soldatenpaar bot, und den Charlie Chaplin in seinem Film *Der große Diktator* (1940) so hervorragend kolportiert.
Von dieser raffinierten Gegenlichtaufnahme kopierte man dunklere Versionen, bis man ein Ergebnis erhielt, das ein wenig wie ein chinesisches Schattenspiel wirkt und so die dramatische Seite der Begegnung unter vier Augen akzentuiert.

1. Dieses Foto entstand wahrscheinlich beim Treffen in München im September 1938.
2. Als Postkarte verbreitet.

Vom Futurismus zur Fotomontage

Die futuristische Bewegung bildete sich hauptsächlich in Norditalien aus und rückte die Dokumentation der sozialen Realität, die städtische Zivilisation und die Maschine in den Vordergrund ihres Interesses. Dennoch war ihre antibürgerliche Ideologie sehr nationalistisch und interventionistisch (Libyen-Krieg 1911) ausgerichtet, und ihre Mystik der Tat, der Gewalt und des Heldentums, ja sogar der Angriffslust mündete schließlich in eine Verherrlichung des Krieges als »einziger Hygiene der Welt«. Darin wird deutlich, wie sehr die zweite Phase der futuristischen Bewegung mit dem Faschismus vereinbar war, so daß daraus eine offizielle Kunst des Regimes entstand (siehe das Manifest *Futurismus und Faschismus*, 1924). Die Fotomontage hat es der Bewegung ganz besonders angetan. Zur gleichen Zeit wird die Fotomontage in der UdSSR mit dem Konstruktivismus oder in Deutschland mit John Heartfield, Lazlo Moholy-Nagy und dem Dadaismus en vogue. Begünstigt wird diese Entwicklung durch das plötzliche Aufkommen von Zeitschriftenillustrierten nach dem Ersten Weltkrieg. Die italienischen Fotomontagen exaltieren die Maschinen, Flugzeuge, die großen Schiffe, Züge, Metropolen und Wolkenkratzer. Das Zusammenstellen von Bildabzügen auf demselben Untergrund ermöglicht den Propagandadiensten ohne besonderen Aufwand Bilder des Überflusses (Früchte, Getreide, Motoren, Fabriken), der Fruchtbarkeit (Mütter und Kinder) oder der Kraft (Turner, Soldaten, Panzer, Flugzeuge) zu erstellen. Die Fotomontage ist zum zentralen Vehikel der Bildpropaganda geworden. Sie produziert ebensogut Kompositionen, in denen sich das moderne und das alte Rom verbinden (1), wie auch furchterregende Zusammenstellungen eines unaufhörlich vervielfältigten Mussolini.

1. »Legionen von Versehrten marschieren auf der neuen Straße des Imperiums«. *Das futuristische Italien*, Rom 1932. Mindestens vier Elemente stellt die Fotomontage nebeneinander: den Rundbogen, das Forum, die Parade und die Flugzeuge.
2. Fotomontage von 1936, Autor ungenannt.

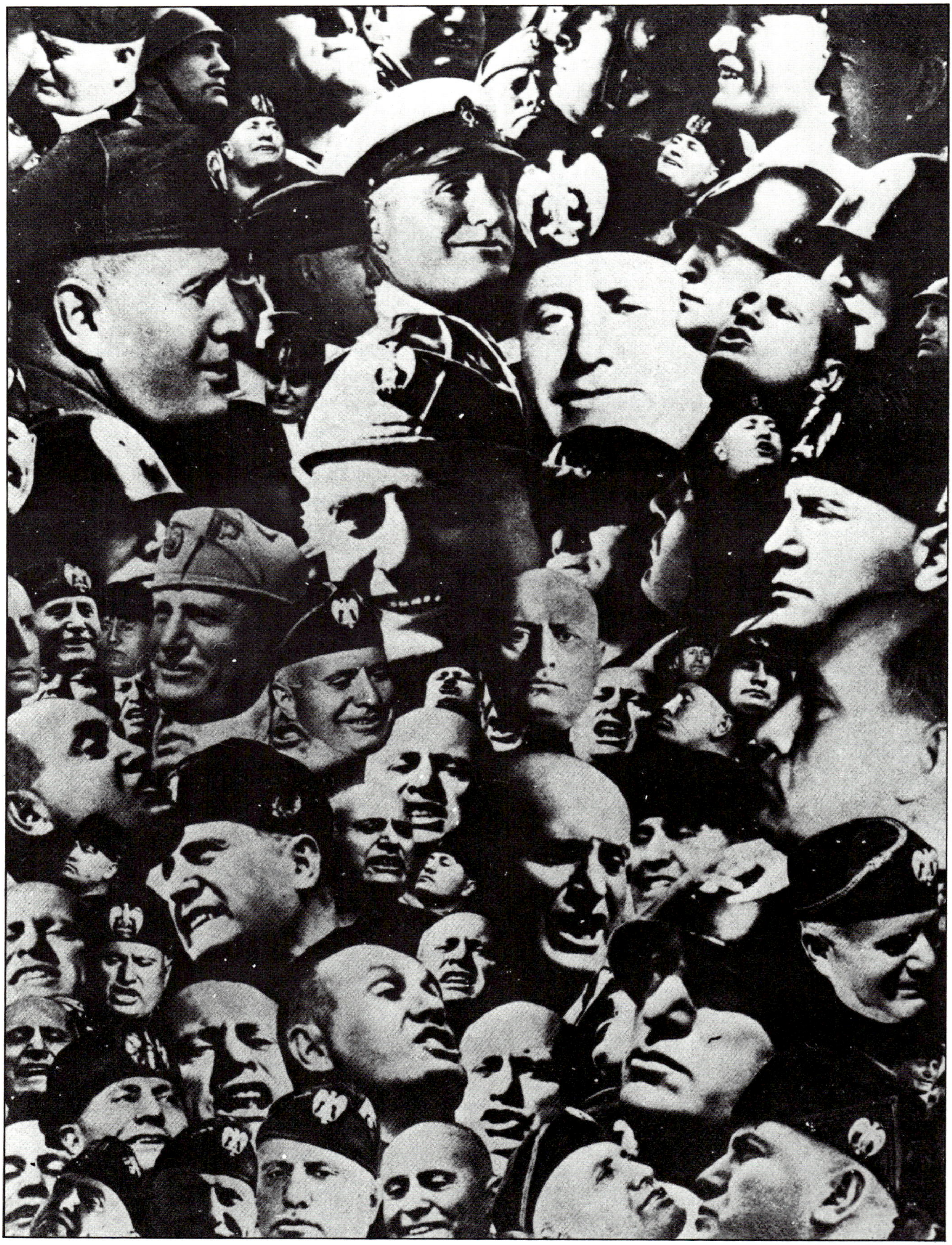

Die Regie des Dritten Reiches

Im Dritten Reich wird die Manipulation von Bildern zur Staatskunst erhoben. In gigantischen, vom Regime-Architekten Albert Speer entworfenen Inszenierungen werden Fahnen, Fackeln und riesige Säulenreihen mit uniformierten Menschenmassen zu einem Monument zusammengeschmiedet. Hinzu kommen die unzähligen bunten, brutalen und aufdringlichen Plakate des Propagandaministers Josef Goebbels sowie die Unmengen von Fotografien des Führers, die tagtäglich durch seinen offiziellen Fotografen Heinrich Hoffmann verbreitet werden.

Systematisch werden Fotografie und Film als Propagandamittel eingesetzt. Sie dienen ebenso der Schaffung rassistischer Mythen wie der Verherrlichung führender Figuren aus Partei und Armee, den Heim-ins-Reich-Kampagnen wie dem Kampf um »Lebensraum« und dem Angriff auf innere wie äußere Feinde. Von der Fotoretusche wird nicht minder Gebrauch gemacht wie zur gleichen Zeit in der Sowjetunion, doch geht es hier weniger um eine Umgestaltung der jüngsten Geschichte (die Fotos unbequemer Personen läßt man lieber verschwinden) als darum, die Bilder mit der Vorstellung des Staates in Einklang zu bringen: Die Konzentrationslager werden 1933 als angenehme Ferien- und Arbeitslager präsentiert; die jüdischen Ghettos in Europa werden in großen, ethnographisch aufgemachten Reportagen als Enklaven der Muße, des Lasters und der ansteckenden Krankheiten beschrieben; junge deutsche »Arier«, die Schaufel in der Hand, perfekt gedrillte Soldaten, in Liebe zum Führer aufgezogene Babys oder deutsche Mütter, dazu ausersehen, die »Herrenrasse« zu verewigen, werden auf ganzseitigen Illustriertenfotos zur Schau gestellt.

Während des Zweiten Weltkriegs kennt die Propaganda keine Grenzen mehr, nicht einmal mehr beim Bildmaterial: gefälschte Wochenschausequenzen, gefälschte Kriegsszenen, fiktive Landschaften und Helden dienen dazu, die Gerüchtekampagne der Nazis und deren in ganz Europa errichtete Schreckensherrschaft zu untermauern und die entsetzliche, der Geheimhaltung unterliegende »Endlösung« sorgfältig zu vertuschen.

steht auf, die Stunde ist da!
Liste 1

HITLER

Ein Fotograf im Dienste des Führers

Die Hitler-Imagerie ist einem Mann namens Heinrich Hoffmann (1885–1957) zu verdanken, der sich dem künftigen »Führer« 1919 in München anschloß und bis zum Ende in seiner Umgebung lebte. Hoffmann ist der Nazi-Partei beigetreten, um im Auftrag des amerikanischen Hearst-Pressekonzerns eine Reportage zu machen. Er freundet sich mit Hitler an, der ihm 1933 die Exklusivrechte an den Bildern seiner Person verleiht und ihn sogar zum Mitglied des Reichstags ernennt. Er gründet eine Agentur, an der keine Zeitung vorbeigehen kann. Sein Geschäftssinn und seine Vorrechte an den Bildern des Regimes ermöglichen es ihm, im Laufe der Jahre einen schier unermeßlichen Reichtum anzuhäufen. Hoffmann hat eine große Zahl von Propagandabänden herausgegeben, in deren Mittelpunkt die Person des Führers steht. Während des ganzen Dritten Reiches besorgte er die Verbreitung von Führerfotos oder aber deren Beseitigung. Er war sowohl für die zu Fotomontagen verwendeten Bilder (1) verantwortlich, als auch für die zur Herstellung von Wahlplakaten ausgesuchten und zusammengestellten Porträts mit besonderer Wirkung (2), oder aber für einfache Propagandafotos, die oft retuschiert wurden (3 und 4). Nach dem Krieg wurde Hoffmann verhaftet und zu einer Haftstrafe von zehn Jahren verurteilt, die dann auf fünf Jahre verkürzt wurde; letztlich wurde Hoffmann von der Liste der Kriegsverbrecher gestrichen und als ein Täter zweiten Grades betrachtet. Einen Teil der Archive nahmen die Amerikaner an sich und brachten ihn nach Washington. Nun wurden die Fotos frei verbreitet und von großen Presseagenturen auf der ganzen Welt verbreitet.

1. Riesenplakat auf der Fassade des Verlagsgebäudes von Goebbels' Zeitung *Der Angriff,* Juli 1932.
2. Wahlplakat, Juli 1932.
3. und 4. aus dem Album *Jugend und Hitler,* München 1935.

Der Putschist im Gefängnis

Dieses Foto, das Hitler zusammen mit General Erich Ludendorff zeigt, ist eine 1924 von Heinrich Hoffmann zusammengestellte Montage. Das Bild Adolf Hitlers entstammt einer Aufnahme, die Hoffmann während des Münchner Putsches (7.–9. November 1923) gemacht hatte.
Zwar waren beide die verantwortlichen Akteure des Putschs, doch gibt es kein gutes Foto, das Hitler gemeinsam mit dem General in Uniform zeigt. Im übrigen hatten sich die beiden Männer rasch voneinander entfernt (Ludendorff sollte dann seine eigene nationalistische, antisemitische und freimaurerfeindliche Gruppe, den Tannenbergbund, gründen). Hitler aber, da er 1924 zu einer Gefängnisstrafe verurteilt und politisch isoliert war, konnte es sich nicht leisten, seine von denen des Weltkriegshelden abweichenden Auffassungen publik zu machen.
Die Montage, die beide Persönlichkeiten dicht nebeneinanderstellt, kann also auch als eine Art Erpressung Ludendorffs interpretiert werden, nämlich, ihn daran zu erinnern, daß er, wenn ihm schon aufgrund seines Ansehens als Weltkriegsheld das Gefängnis erspart blieb, er der deutschen nationalistischen Bewegung verpflichtet war. Diese »Fotografie« trägt zumeist die Bildunterschrift »August 1924«, ein offensichtlich unmögliches Datum, denn zu genau dieser Zeit saß Hitler in der Festung Landsberg ein, und Ludendorff befand sich in Freiheit.

1. November 1923.
2. Im Sommer 1924 verbreitete Montage.

Der Marschall und der Gefreite

Dieses Foto zeigt Hitler und Marschall Paul von Hindenburg. Aufgenommen wurde es 1932 zu dem Zeitpunkt, als Reichspräsident von Hindenburg nach dem Rücktritt des Kabinetts von Papen Adolf Hitler zu Beratungen empfängt.
Im darauffolgenden Jahr dient dasselbe Foto Hitler, inzwischen Kanzler geworden, als Grundlage für ein Wahlplakat. Beide Gestalten wurden retuschiert. Insbesondere erhielt Hitler Uniformjacke und Soldatenmantel, und die durch den Magnesiumblitz überbelichteten Gesichter wurden nachgezeichnet. Vor allem aber hat man die beiden Männer merklich einander angenähert. Die starre Haltung des zukünftigen Führers auf dem Originalfoto und die respektgebietende Distanz, die er dem alten General gegenüber einhält, verschwinden auf dem Plakat. Hitler tritt nun als ein dem General in politischer Hinsicht Gleichgestellter auf, der aber trotzdem noch etwas zurückgesetzt ist, wie es sein militärischer Dienstgrad gebietet. »Der Marschall und der Gefreite kämpfen mit uns für Frieden und Gleichberechtigung«, lautet der dazugehörige Text. Allerdings bekommt dieses Plakat, das nicht als echtes Dokument präsentiert wird (es ist mit »Montage Bauer, München« signiert), auch eine erpresserische Funktion, indem es den alten General, der für Hitler nur wenig Sympathie empfand – für ihn war er nur der »böhmische Gefreite« –, eng mit diesem verbindet.

1. Wahrscheinlich am 19. November 1932.
2. Plakat von 1933.

1. Datum unbekannt.
2. Autor unbekannt. 1938.
3. Plakat von R. Gerhard Zill, 1943.
4. Deutsche Briefmarke, 1937.

Porträt eines Führers

Das Plakat mit der Inschrift *Ein Volk, ein Reich, ein Führer* ist zweifellos auf Weisung von Goebbels entstanden und wurde in ganz Deutschland verbreitet. Hierbei ging man von einer älteren Aufnahme Heinrich Hoffmanns aus, die Hitler stehend und auf die Rückenlehne eines mit Nägeln verzierten Stuhls gestützt zeigt. Er trägt einen vorn übereinandergeschlagenen Uniformrock mit Metallknöpfen und hat eine dunkle Armbinde am linken Arm; auf der Brust prangen das Eiserne Kreuz und zwei weitere Auszeichnungen. Der in die Ferne gerichtete strenge Blick, die Schatten auf dem Gesicht (das Licht kommt horizontal von rechts), der Kragen und die Krawatte, an der ein kleines Abzeichen angebracht ist, sind in der Fassung von 1938 exakt erhalten geblieben. Aber die Stuhllehne trat im Original zu sehr ins Bild und wurde daher weggerückt. Hitler stützt sich nur noch mit dem linken Unterarm darauf. Der rechte Arm wurde auf die Hüfte zurückgesetzt, und – als Zeichen von Willenskraft und Autorität – wurde die Hand zur Faust geballt. Den Stuhl hat man gewissermaßen „veredelt«: Die Nägel sind jetzt größer, weiträumiger gesetzt und ziseliert. Der Uniform fügte man Seitentaschen mit Klappen hinzu und malte den Rock khakifarben. Auf der blutroten Armbinde sieht man in Andeutung den weißen Kreis mit dem Hakenkreuzfeld. Schließlich hat der ›unbekannte Künstler‹ die Gestalt vom Hintergrund abgehoben und ihr eine seltsame, ja sogar eine etwas beunruhigende Schwingung verliehen durch einen roten Lichtschein um Hitlers Hals, vom gleichen Farbton wie das Rot der Armbinde. Die neue Pose und die künstlerische Überarbeitung erinnern an Porträts von Condottieri, Dogen und Kaiser und entsprechen der Devise »Ein Volk, ein Reich, ein Führer«.
Eine andere Fassung dieser Komposition wurde mit dem Wort »Ja!« als einziger Bildunterschrift herausgebracht. Dasselbe Gesicht des Führers illustrierte auch eine 1937 herausgegebene Briefmarke. 1943, also mitten im Krieg, wird das Motiv erneut aufgegriffen, mit dem gleichen kühnen Gesichtsausdruck, aber einer anderen Bearbeitung von Uniform, Händen und Stuhl. Die Bildlegende lautet: »Adolf Hitler ist der Sieg«.

Verbotene Fotos

Das erste Fotoalbum über *Hitler, wie ihn keiner kennt* wurde 1932 von Heinrich Hoffmann veröffentlicht. Er sammelte ungefähr 100 Fotos, die Hitler als Säugling, als Soldat, bei einem Picknick usw. darstellen. Diese Bildersammlung sollte das Leben des Führers illustrieren. Am 30. Januar 1933 wird Hitler zum Reichskanzler ernannt. Am 30. Juni 1934 läßt er Ernst Röhm und die anderen SA-Führer in der »Nacht der langen Messer« umbringen. In der zweiten Ausgabe von Hoffmanns Buch, die im gleichen Jahr erscheint, ist eine Fotografie verschwunden: diejenige, auf der Hitler sich herzlich mit Röhm unterhält. Goebbels ließ alle Aufnahmen verschwinden, auf denen Hitler mit Röhm oder den wichtigsten Führern der SA zu sehen war. Man ließ sogar Leni Riefenstahls Film *Sieg des Glaubens* vernichten, der dem Reichsparteitag der NSDAP von 1933 gewidmet war und an Hitlers Seite all diejenigen zeigte, die ein Jahr darauf ermordet wurden. Später verlangte Hitler, daß *Hitler, wie ihn keiner kennt* aus dem Verkehr gezogen und nicht wieder aufgelegt werde. Die Bilder vom ›kleinen Adolf‹, vom an den Augen verwundeten oder mit seinen Regimentskameraden feiernden Gefreiten (2), vom reifen Mann in kurzen Hosen (1) oder die aller Aura entbehrenden Gelegenheitsaufnahmen seines Fotografen (4) schienen ihm nicht mit der Würde eines Staatschefs übereinzustimmen, vor dem die Welt erzittern sollte.
Um Gestik und Mimik seiner Reden einstudieren zu können, ließ sich Hitler von Hoffmann eine ganze Serie von Aufnahmen machen. Doch hat er ihm untersagt, sie zu verbreiten, und ihn gebeten, die Negative davon zu vernichten (3). Hoffmann hat diese Bilder erst nach dem Zweiten Weltkrieg im Jahre 1950 veröffentlicht.

1. Datiert 1925.
2. Unbekannter Autor; mit Sicherheit 1918 aufgenommen. Auszug aus *Hitler, wie ihn keiner kennt* (1932 und 1934).
3. Datum unbekannt, wahrscheinlich 1933.
4. *Hitler, wie ihn keiner kennt* (1932 und 1934).

Kapelle
-Krach-

1. Von links nach rechts: Heinz Riefenstahl (der Bruder), Dr. Ebersberg, Leni Riefenstahl, Hitler, Joseph Goebbels und Ilse Riefenstahl (Leni Riefenstahls Schwägerin). Genaues Datum unbekannt (Sommer 1937).

Goebbels in den Laubbäumen

Die Szene wurde 1937 von Heinrich Hoffmann aufgenommen. Im Park der Reichskanzlei in Berlin unterhält sich Hitler mit der Schauspielerin Leni Riefenstahl, die zur staatstragenden Filmregisseurin des Nazi-Regimes geworden ist, und mit Propagandaminister Josef Goebbels.
In Hoffmanns Archiven sollte man geraume Zeit nach dem Kriege auf eine zweite Version dieses Fotos stoßen: Goebbels hatte sich im Rasen und Laub der Bäume aufgelöst. Der Führer war Leni Riefenstahl, die er 1932 kennengelernt hatte, sehr verbunden: Die internationale Presse hatte die Schauspielerin zu einer Art grauer Eminenz, ja sogar einer denkbaren »Braut« Hitlers werden lassen. Aber einen Augenblick lang machte die Fama auch Goebbels zum Liebhaber der Riefenstahl. War es nun Eifersucht oder Moral, daß Hitler Hoffmann darum bat, Goebbels wegzuretuschieren? Wir werden es gewiß nie erfahren. Und außerdem scheint diese retuschierte, sich einzig einer Laune des Führers verdankende Fotografie damals nie veröffentlicht worden zu sein.

Zigarettenkippe beim Pakt

23. August 1939. Joachim von Ribbentrop, Außenminister des Dritten Reichs, schüttelt die Hand des sowjetischen Staatschefs Jossif Stalin, mit dem er soeben den Nichtangriffspakt unterzeichnet hat. Hitler hat nun die Hände frei; nur wenige Tage später gibt er Befehl zum Einmarsch in Polen, womit er die erste Phase des Zweiten Weltkrieges auslöst. Als er am Tag danach Hoffmanns Fotografien von der Vertragsunterzeichnung erhielt, studierte er sie überaus aufmerksam. Hitler stellte dabei fest, daß Stalin während der ganzen Zeremonie geraucht hatte, was ihn außerordentlich verdroß. »Die Unterzeichnung eines Vertrages ist ein feierlicher Akt, den man nicht mit einer Kippe im Mund begeht«, erklärte er Hoffmann und bat diesen darum, Stalins Kippe wegzuretuschieren, bevor die Fotos zur Presse übergeben wurden. Hoffmann überarbeitete sogleich den Hintergrund der Aufnahme mit Händedruck und ließ bei dieser Gelegenheit den irritierenden Zigarettenstummel darin verschwinden.

1. Von Heinrich Hoffmann ans Ausland gegebene Version: *L'Illustration* Nr. 5035, 2. September 1939.
2. Retuschierte Version: *Berliner Illustrierte Zeitung* Nr. 35, 31. August 1939.

Vom Film zur Geschichte

Unter den Helden, die sich das Nazi-Regime schuf, war Horst Wessel gewiß derjenige, dessen Legende am verlogensten war. Er wurde 1907 geboren und hatte sich als Jurastudent der SA angeschlossen. Von ihm stammte das Gedicht »Die Fahne hoch«, das *Der Angriff* veröffentlichte. Auf die Melodie eines Wiener Liedes gebracht, wurde es zu dem berühmten »Horst-Wessel-Lied«. Wessel hatte sich in eine Prostituierte verliebt, mit der er 1930 zusammenlebte. Die Zimmerwirtin wollte deshalb beide hinauswerfen und schickte ihnen zu diesem Zweck einen anderen Ganoven, nämlich Ali Höhler, der Wessel zusammenschlug (3). Während Wessel im Sterben lag, startete Goebbels eine phantastische Propagandaoperation: Aus einem miesen kleinen Zuhälter machte er »einen Christus des Nationalsozialismus« und aus dessen Mörder einen Kommunisten. Die Beisetzungsfeierlichkeiten waren überwältigend, dem Trauerzug stand sogar ein »Angriff der Roten« zu. Am Rande des Grabes rief Goebbels »Horst Wessel!«, und unter dem Hagel ›kommunistischer‹ Steinwürfe antworteten die SA-Männer »Hier!«
Drei Jahre später – in der Zwischenzeit waren die Nazis an die Macht gekommen – wurde in Berlin feierlich ein Film zum Ruhme Horst Wessels vorgeführt, mit dem Titel *Hans Westmar*. Durch die Massenszenen, die von SA-Männern selbst gespielt wurden, leistete dieser Spielfilm seinen Beitrag zum Mythos – und zwar in einem solchen Maße, daß die Nazi-Historiker, die über die Machtübernahme in Berlin berichteten, darauf zurückgriffen, um Begebenheiten dieses Kampfes zu schildern. Die Filmfotos verfügten offensichtlich über weit bessere Blickwinkel und Bildeinstellungen als Pressefotos. Das ist auch bei diesem Bild der Fall (1), welches direkt vom Film kopiert wurde.

Kommunisten überfallen Horst Wessels Leichenzug

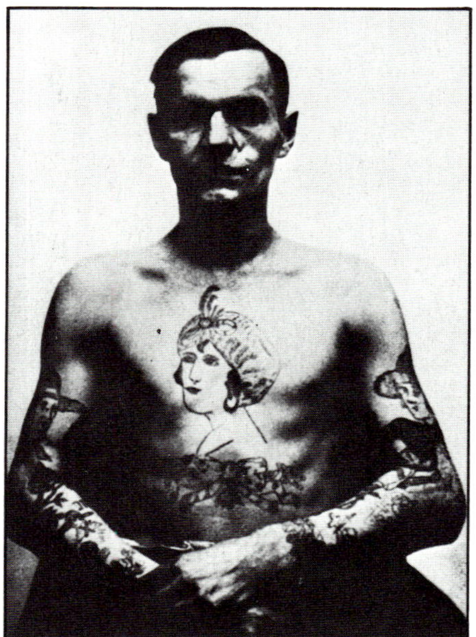

Der Kommunist Ali Höhler, der Mörder Horst Wessels

1. Foto von den Dreharbeiten des Films *Hans Westmar*, Berlin 1933. Erneut abgebildet mit der Bildunterschrift ›Die Kommunisten überfallen den Leichenzug Horst Wessels‹ in dem Buch von N. Bade, *Die SA erobert Berlin*, Berlin 1937.
2. Quelle unbekannt.
3. N. Bade, *op.cit.*

Churchill, wie die Deutschen ihn sahen

Ein nationalsozialistisches Propagandaplakat von 1941 zeigt Winston Churchill mit Melone, Fliege, dunklem Anzug, einer dicken Zigarre im Mund und einer Maschinenpistole unter dem Arm. Er ist hinter einer Mauer postiert, und auf dem Plakat heißt es bloß »Heckenschützen«. So merkwürdig das anmutet, handelt es sich dennoch um ein echtes Foto. Auch hatte es der Plakatautor gar nicht nötig, den Kopf Churchills auf den Körper eines Ganoven zu kleben: er legte schlicht ein Agenturfoto zugrunde, das den britischen Premierminister zeigt, wie er beim Besuch eines Militärstützpunktes eine Maschinenpistole handhabt. Die Figur hat er ausgeschnitten, den Kopf weiter nach vorne gebeugt, um ihm ein vulgäres Aussehen zu verleihen. Schließlich wurde das ganze vor einen neuen, sehr einfachen Hintergrund montiert, nämlich ein ebenmäßiges Schwarz ohne Schattierung, was die Vorstellung einer Mauer erweckt. Eine andere Version dieses retuschierten und herausgelösten Bildes ist auch auf Flugblättern verbreitet worden, die von deutschen Flugzeugen über England abgeworfen wurden.
Diese Fotomontage ist von ganz besonderer Art. Niemand, nicht einmal der naivste unter den Adressaten eines solchen Plakats konnte auch nur für einen Augenblick glauben, daß der britische Premier im Bunde mit Heckenschützen das Feuer eröffnet hätte. Auch wenn man hier von einer realen Situation ausgegangen ist, so ist die dargestellte Szene doch ganz unglaublich. Nicht anders ist sie auch von all denen, die das Plakat gesehen haben, verstanden worden, die aber ihrerseits die implizite Botschaft, die sie befördert, augenblicklich zu entziffern imstande waren: Churchill ist ein grauenhafter, verschlagener und gefährlicher Feind (»Er ist nicht einmal ein Gentleman«, sagte Hitler über ihn). Es muß noch hinzugefügt werden, daß das Originalfoto selbst der britischen Presse als Propagandabild diente und dort die konträre Botschaft vermittelte (der Premierminister interessiert sich für jeden Beitrag an Kriegsanstrengungen).

1. Churchill inspiziert die Verteidigungsanlagen an der Nord-Ost-Küste, Juli 1940.
2. Deutsches Plakat, 1941.

»Der Führer schenkt den Juden eine Stadt«

1944 beschloß das Reichspropagandaministerium, einen Film zu drehen, der den Nachrichten, die über die Konzentrationslager durchsickerten, entgegenarbeiten und die Ausschüsse des Internationalen Roten Kreuzes beeinflussen sollte. Die Dreharbeiten wurden im Konzentrationslager Theresienstadt von inhaftierten Juden unter Aufsicht der SS ausgeführt. Die Regie wurde Kurt Gerron übertragen, einem recht rennomierten deutschen Schauspieler, der in Holland von der Gestapo festgenommen und in Theresienstadt inhaftiert worden war. Die Dreharbeiten dauerten vom 16. August bis zum 11. September 1944 und beanspruchten Hunderte von Schauspielern, Bühnenbildnern, Musikern und Tausende von Statisten (damals gab es 60 000 Häftlinge in Theresienstadt). Gerron mußte ein richtiges Drehbuch schreiben und drehte sehr professionell; tschechische Kameramänner und Techniker assistierten ihm, und er verfügte über einen richtigen Etat. Im Film sah man Kaffeehausszenen, neben die man dann Kriegsszenen aus dem Schützengraben stellte. Der später von den Deutschen redigierte Begleittext lautete: »Während die Juden in Theresienstadt Kaffee trinken und tanzen, tragen unsere Soldaten die ganze Last eines schrecklichen Krieges, nehmen Verzweiflung und Entbehrungen auf sich, um das Vaterland zu verteidigen.«
Man sah Häftlinge beim Fußballspiel, bei der Gartenarbeit, bei der Getreideernte; sie duschten sich, gingen in gut bestückte Bibliotheken und holten große Pakete von der Post ab. Man sah Männer, die ruhig in geräumigen, gut beleuchteten Werkstätten arbeiteten, Frauen, die sich in blumengeschmückten Zimmern mit Kindern beschäftigten. Man sah das »Gemeinschaftshaus«, in dem der »Ältestenrat« tagte, eine Kinderoper, ein von Karel Ancel dirigiertes Symphoniekonzert (ein Überlebender von Auschwitz, der später Dirigent der tschechischen Philharmonie wurde). Man sah Juden, die vor einem Bekleidungsgeschäft verweilten, Schach spielten, sich in Liegestühlen der Lektüre widmeten oder in ein Schwimmbad sprangen, das im nahegelegenen Fluß angelegt worden war. Man sah kleine Kinder im Garten spielen, während Kindermädchen ihnen von einem Brotlaib Scheiben abschnitten. Man sah, wie sich in einem hübsch eingerichteten Schlafsaal junge Mädchen kämmten, im Spiegel betrachteten und miteinander plauderten. Man sah zwei Professoren, die in der Bibliothek über ein Buch diskutierten, einen Bankkunden, der sein Sparbuch vorlegte, um Geld abzuheben, während die Sekretärin dem Direktor die Post zur Unterschrift aushändigte. Man sah tüchtige Feuerwehrmänner einen aufflackernden Brand löschen und Lagerhäftlinge, die den Tag bei Darbietungen im Kabarett ausklingen ließen: einer Parodie auf Charlie Chaplin, Zauberstücken, spanischen Tänzen und den im Chor mitgesungenen Refrains der *Dreigroschenoper*...
Kabarett, Gemeinschaftshaus, Zimmer mit Blumen, Werkstätten, Post, Bank und Bibliothek waren lediglich die von den Lagerinsassen im Sommer 1944 aufgebauten Kulissen. Einige waren sowohl für diesen Film als auch für Besuche des Roten Kreuzes entworfen worden. Die Postpakete wurden den Leuten gleich nach der Verteilung wieder abgenommen. Künstliches Feuer war für falsche Feuerwehrmänner gelegt worden. Einen tschechischen Sprungmeister hatte man kommen lassen, damit er Vorführungen im Schwimmbad machte, das gewöhnlich der SS vorbehalten blieb. Da es unter den jüdischen Häftlingen viele blonde Frauen gab, hatte man diese von den Dreharbeiten ausgeschlossen, denn auf den Bildern vom Lager sollte nur dunkles Haar zu sehen sein... Und sobald die Aufnahmen abgeschlossen waren, wurden alle, die im Film mitgespielt hatten oder als Statisten aufgetreten waren, in elf Konvois nach Auschwitz transportiert. Auch Kurt Gerron wurde vergast, doch hatte er im letzten Moment seine Papiere, Aufzeichnungen von den Dreharbeiten und seinen Briefwechsel mit den Lagerbehörden und Darstellern einem Freund anvertraut. Alle jüdischen Personen, die im Film auftreten – der Komponist Haas, General von Hänisch, ehemalige tschechische, deutsche oder französische Minister, Professoren, Schauspieler, Theaterdirektoren usw. – wurden ebenfalls nach Auschwitz gebracht. Die meisten von ihnen wurden vergast. In den letzten Konvois waren die 1600 Kinder, die als Statisten eingesetzt waren. Auch sie wurden ermordet.
1945 besuchten die Vertreter des Internationalen Roten Kreuzes wieder einmal Theresienstadt, und die SS führte ihnen Gerrons Film vor, der inzwischen in Berlin montiert, musikalisch untermalt und mit kommentierenden Texten versehen worden war. Titel: *So schön war es in Theresienstadt.* Untertitel: *Der Führer schenkt den Juden eine Stadt.* Ausschnitte wurden kurz vor Kriegsende in der deutschen Wochenschau gezeigt. Bis zum heutigen Tag hat man nur 25 Minuten von der vollständigen Fassung dieses Filmes aufgefunden, aber Gerrons Drehbuch und die Unterlagen der Dreharbeiten sind im Koblenzer Bundesarchiv aufbewahrt.

Bilder aus Teilen des Films, die im Bundesarchiv in Koblenz aufbewahrt sind.

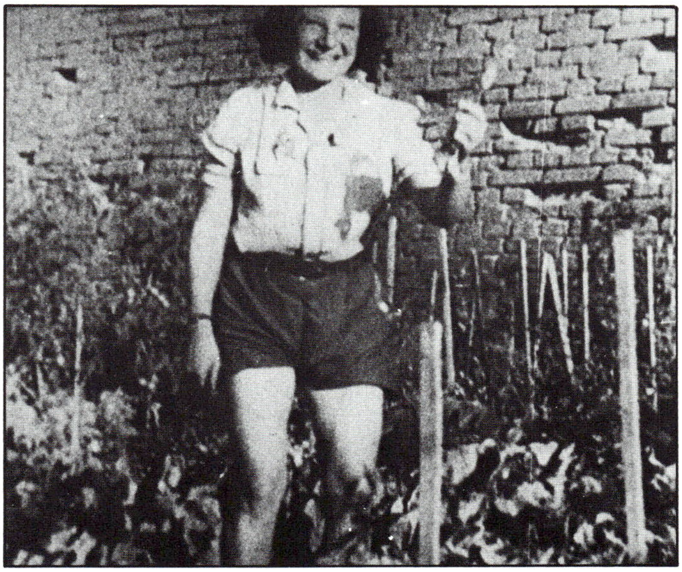
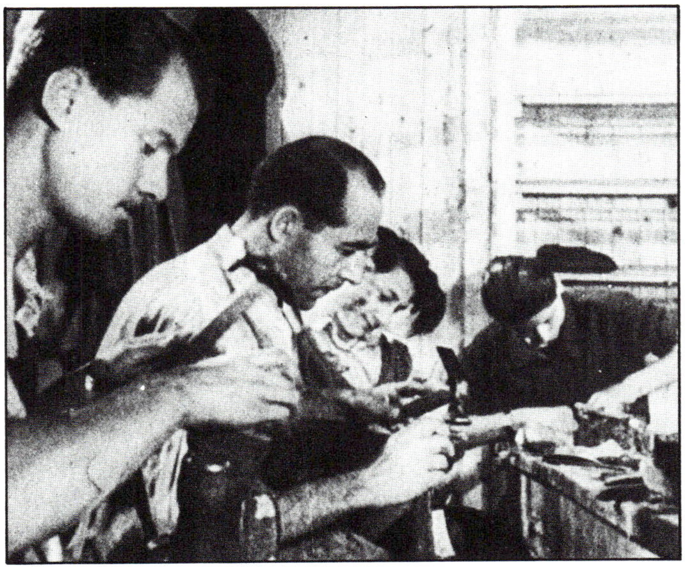

Unter deutscher Besatzung – Straßenszene

Ein Ausschnitt der französischen Wochenschau vom Juni 1944, welcher auch durch Pressefotos verbreitet wurde, zeigt eine von deutschen Soldaten flankierte Kolonne englischer und amerikanischer Kriegsgefangener, die durch eine Pariser Straße zieht, wo eine kleine Schar haßerfüllter Schaulustiger auf sie losgeht, sie beschimpft und bespuckt. Der die Kolonne anführende Nazi-Offizier muß sogar dazwischentreten, die Soldaten müssen die aufgebrachten Franzosen mit Kolbenhieben zurückdrängen.
Nach der Landung in der Normandie und den englischen und amerikanischen Bombardierungen sollte diese Filmsequenz die lautstarke Falschmeldungskampagne fortsetzen. Zeigt man derartiges heute – und die Sequenz wurde häufig ohne jeden kritischen Kommentar für Filmmontagen oder historische Dokumentationen übernommen –, so ruft es noch Jahrzehnte nach den Vorfällen erhebliches Unbehagen hervor. Und man könnte die Szene in der Tat für echt halten, hätten uns nicht mehrere Augenzeugenberichte darauf hingewiesen, daß es sich hier um eine Inszenierung des Propagandabüros handelt. Die Deutschen hatten Ganoven angeheuert, die den Pariser Mob spielen sollten; ein deutscher Oberst in Zivil überwachte sie, und die Organisatoren hatten sie sogar mit Taschen ausgestattet, damit der Eindruck entstand, sie wären rein zufällig vorbeigekommen. »Rein zufällig« waren auch Fotografen und Filmleute da.

Am 29. Juni 1944 aufgenommene Fotos. Autor unbekannt. In der französischen Presse erschienen sie nicht, doch kam es zu verschiedenen Veröffentlichungen in der deutschen Presse. Dagegen wurde die Filmsequenz sehr wohl in der französischen Wochenschau gebracht. Ein Ausschnitt davon befindet sich in *Français, si vous saviez* von André Harris und Alain de Sédouy (1972).

Ikonen des Stalin-Kults

Die *Prawda* (russisch für »Wahrheit«) vom 21. Dezember 1929 feiert den 50. Geburtstag von Jossif Wissarionowitsch Dschugaschwili, einem georgischen Bolschewiken, der sich den Kriegsnamen Stalin (»Mann aus Stahl«) gegeben hatte und sieben Jahre vorher zum Generalsekretär der kommunistischen Partei gewählt wurde, damit praktisch zum sowjetischen Staatsoberhaupt. Fette Schlagzeilen und gigantische Porträts umrahmen die exaltierten Ehrungen in Kolumnenlänge. Schon hier wird das Phänomen der kollektiven Bewunderung und Unterwerfung sichtbar, das allerdings noch fast bescheiden erscheint, wenn man es mit dem vergleicht, was in späteren Jahren folgen sollte.
Superlative, überschwengliche Lobpreisungen, bis zum Überdruß wiederholte Parolen und eingeschliffene Formeln bilden ein seltsames sprachliches Gebilde, das an religiöse Ausschweifungen und Litaneien erinnert. Manche Brochüren und Bücher erscheinen in Erstauflagen von 500 000 Exemplaren, und die Manifestation des Enthusiasmus und der Vergötterung ergreifen Millionen von Menschen.
Auch wird das Leben des »Völkervaters« ganz neu erfunden. Die historischen Dokumente, die man für die Fabel benötigt, werden nach Bedarf erstellt. Fotos werden zurechtgefälscht und serienmäßig reproduziert. Das Gesicht des Diktators ist allgegenwärtig, in den Funktionärsbüros wie in der bescheidensten Bauernhütte. Die unterwürfige Hochachtung und die melodramatische Verehrung dieser neuen Ikonen sollten erst noch den Gipfel des Grotesken erreichen, wenn Russen nämlich zu fünf Jahren Arbeitslager verurteilt wurden, weil sie aus Unachtsamkeit Zeitungsseiten mit darauf abgebildeten Stalin-Porträts zerrissen hatten.
Die im Umlauf befindlichen historischen Fotografien sind fast alle retuschiert. Die Kunst des Propagandabildes wird unter Stalin zu einer regelrechten Industrie. Und die Klischees von Großbaustellen oder industriellen Errungenschaften verbergen ein ungeheures System der Zwangsarbeit.

Ein Leben in Bildern

Als der später sogenannte »Personenkult« Anfang der dreißiger Jahre allmählich aufgebaut wird, kennen nur wenige Stalins Vergangenheit. Alle, die dem Diktator nahestehen und Zeugen seiner revolutionären Taten oder seines Privatlebens sind, werden eines gewaltsamen Todes sterben: seine Frau Nadja Allilujewa (sie nahm sich 1932 das Leben), sein »geliebter« Bruder Kirow (er wurde 1934 unter mysteriösen Umständen umgebracht), Jenukidse, Stalins Freund seit 1900 (1937 hingerichtet), Mdiwani, ein alter Freund aus Georgien (1937 hingerichtet), und Ordschonikidse, gewiß sein bester Freund (1937 hingerichtet oder in den Selbstmord getrieben). Anscheinend gab es überhaupt kein Foto, kein »Familienalbum« aus den ersten Lebensjahren Stalins. So nahmen die Illustratoren die zwei oder drei bekannten Fotografien (Eintritt ins Priesterseminar, Erkennungsfoto von einer Polizeiakte) als Grundlage für die Neuschöpfung von Porträts, welche Stalin in verschiedenen Altern zeigen. Es sind gemalte Porträts, die die Struktur einer Fotografie so gut es geht nachahmen, oder die gelegentlich auch aus wirklichen Fotos zusammengestellt werden. Mit vielen kleinen Varianten wurden sie zahllos vervielfältigt; in kräftigen Farben gemalt, nähern sie sich häufig dem Stil naiver Volkskunst an.

1. Stalin bei seinem Eintritt ins Priesterseminar von Gori, 1894. In: *Staline en images,* Paris 1950.
2. Stalin 1905, *op.cit.*
3. Stalin 1910 (durch ein Erkennungsfoto der zaristischen Polizei inspirierte »Fotografie«, veröffentlicht nach 1920). In: *Staline en images,* 1950.
4. Stalin 1924 auf der 13. Parteikonferenz, *op.cit.*
5. Stalin im Februar 1934 (übermaltes Porträt, Ausschnitt aus einem Gruppenfoto), *op.cit.*
6. Zeitschriftentitelbild zum Tod Stalins (*Ogonjok,* 15. März 1953).

Der Nachfolger Lenins

Bis 1924 ist Stalin außerhalb der Gruppe der Bolschewiken praktisch unbekannt. Bevor Lenin starb, warnte er die ihm Nahestehenden vor Stalins Hang zum Autoritären und vor seiner Brutalität. Aber während sein Einfluß zunimmt, er Trotzki verdrängt und schließlich als absoluter Machthaber herrscht, geben Artikel, Broschüren und sogar gefälschte Dokumente Stalins Leben nach und nach eine neue Gestalt. Historische Worte und entscheidende Schlachten werden für ihn erfunden. Man macht ihn zum engen Mitarbeiter Lenins und sogar zu dessen wichtigstem Berater.
Da die drei, vier Fotos, auf denen beide Männer gemeinsam abgebildet waren, und die beiden Aufnahmen aus Gorki, auf denen man sie nebeneinander sieht, natürlich nicht genügen, fabriziert man noch weitere. Diese sind mehr oder weniger gut gelungen (siehe oben »Stalin besucht Lenin«). Aber es sind auch oft nur einfache Fotomontagen, wo die beiden Gesichter nebeneinandergeklebt sind, um so die revolutionäre Legitimität des neuen Despoten überdeutlich hervorzuheben. In der ersten Fassung der *Kurzen Biografie* von 1948 stand folgender Satz: »Stalin ist der Lenin von heute«. Stalin, so berichtet Nikita Chruschtschow in seinem berühmten Geheimbericht (1956), habe dies handschriftlich korrigiert: »Stalin ist der würdige Fortführer von Lenins Werk oder, wie man es in unserer Partei ausdrückt, Stalin ist der Lenin von heute.«

1. Von TASS verbreitete Fotomontage, Ende der dreißiger Jahre.
2. Seite der Zeitschrift *URSS en construction* Nr. 6, Juni 1934.

L'ACCUEIL

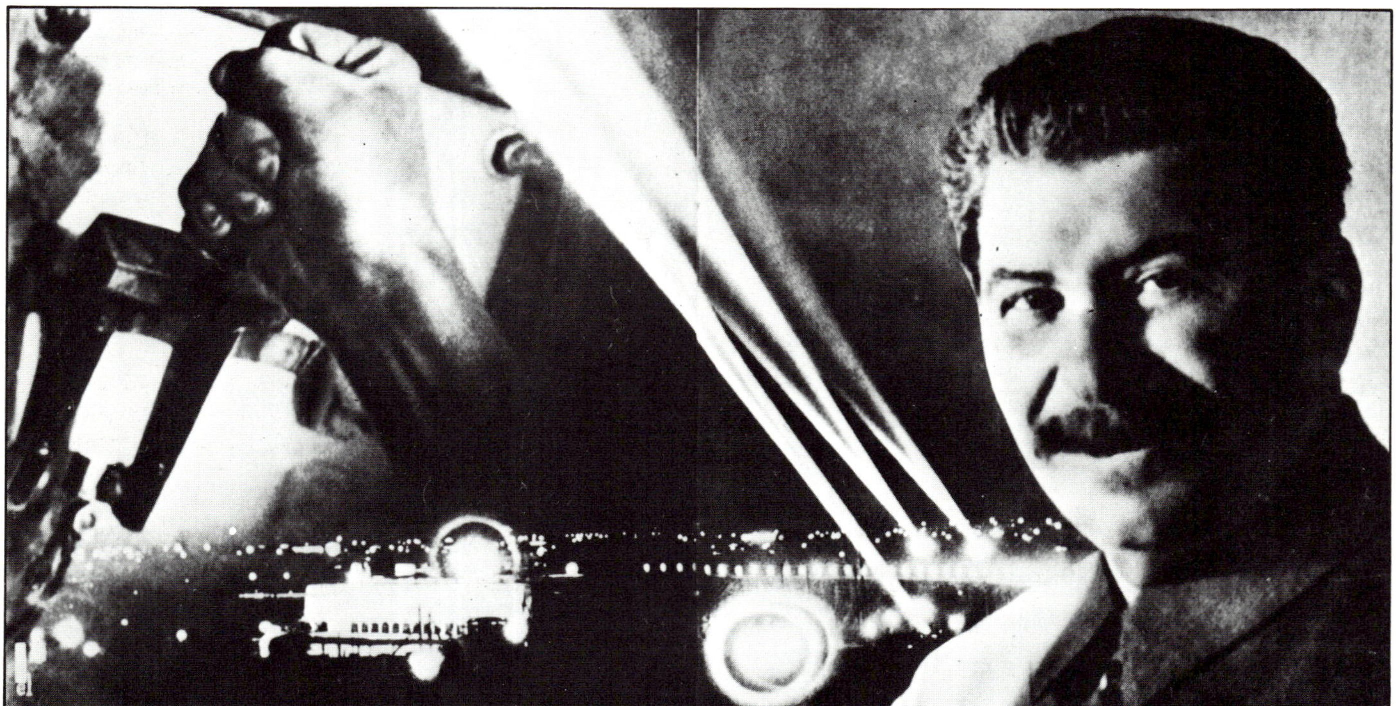

Fotomontage und Personenkult

Zwischen 1920 und 1930 erlebt die Fotomontage in der Sowjetunion einen ungeheuren Aufschwung. Künstler wie Alexander Rodtschenko, Lazare Lissitzky oder Gustav Klutsis erfinden neue Formen des Umbruchs und des fotografischen Ausdrucks. Mit ihren Plakaten, Bucheinbänden und Illustrationen kreieren sie einen charakteristischen Stil, der großen Einfluß auf die europäische Avantgarde ausüben wird. Berühmt geblieben ist die Kooperation von Majakowski und Lissitzky bei Gedichtbändchen oder auch Rodtschenkos Arbeit im Rahmen der Zeitschrift *Lef*, später dann *Novij Lef* genannt.
Die künstlerische Explosion der zwanziger Jahre in der UdSSR verebbte schnell. Die Konstruktivisten, die 1928 des »Formalismus« (und damit des Anti-Marxismus) bezichtigt werden, passen sich allmählich an. In einer internationalen Propagandazeitschrift wie *L'URRS en construction* findet man sie wieder. So stellen Lissitzky und Rodtschenko ihr Talent in den Dienst immer akademischere Formen annehmender Montagen, unter denen Stalins Bild schließlich den ersten Platz einnimmt. In einer Collage wie *»L'acceuil«* (Der Empfang) verbirgt die Kühnheit der gegensätzlichen Perspektiven den offiziellen und manierierten Aspekt der Komposition nicht: Stalin »selbst« wachte darüber, daß Nachforschungen angestellt wurden, um die Mitglieder der Polarexpedition der *Tscheljuskin* wiederzufinden, die, schiffbrüchig geworden, sich auf dem Packeis verirrt hatten und dann von Fliegern zurückgebracht wurden; feierlich empfängt er sie bei ihrer Rückkehr (1). Jedesmal, wenn ein industrieller Durchbruch erzielt wird, ist er dem Weitblick Stalins zu verdanken. Daher ist es logisch, die Inbetriebnahme des gewaltigen Staudammes von Dnjeprostroi mit dem lächelnden Gesicht des Chefs zusammenzubringen. Sagte Lenin nicht 1920: »Der Kommunismus ist Sowjetmacht plus Elektrifizierung des ganzen Landes«? (2)

1. Empfang der Expedition der Tscheljuskin. Fotomontage von El Lissitzki, in: *L'URSS en construction* Nr. 10, Oktober 1934.
2. »Wir haben Strom«, in: *L'URSS en construction*, November 1932. Fotomontage von El Lissitzki.

Ein kleines Mädchen in der »Prawda«

Alle Diktatoren lassen sich gerne von Kindern umringt fotografieren. So kennt man unzählige Porträts von Stalin, wo er mitten auf blumengeschmückten Tribünen oder in feiernden Kolchosen mit kleinen Jungen und Mädchen lacht und spielt. Solche gewöhnlichen Propagandabilder verbergen manchmal entsetzliche Geschichten, wovon folgender Bericht zeugt, der 1976 in einer heimlich gedruckten Zeitschrift des *Samizdat* in Moskau erschienen ist:
»Stalin hält ein schwarzäugiges Mädchen im Matrosenkostüm in den Armen: Alle, die die dreißiger Jahre erlebt haben, erinnern sich an dieses Foto. Aber wer ist dieses Mädchen und welches Schicksal war ihm zuteil geworden? Das wissen nur wenige. Dieses Kind ist Gelia Markizowa, die Tochter von Ardan Agnadikowitsch Markizow, einem Volkskommissar für Landwirtschaft der autonomen Burjatisch-Mongolischen Sowjetrepublik. Die Aufnahme entstand am 27. Januar 1936 anläßlich des ›von den Führern der Partei und der Regierung zu Ehren der Arbeiter der Burjatisch-Mongolischen Republik im Kreml organisierten Empfangs‹. 67 Delegierte dieser Republik waren anwesend, angeführt von M. N. Erbanow, dem Sekretär des Regionalkomitees der Partei, D. D. Dorjiew, dem Präsidenten des Rates der Volkskommissare der Burjato-Mongolei, und dem Vorsitzenden des zentralen Exekutivkomitees der Republik, I. D. Dampilow. Unter ihnen war auch Gelias Vater, und an jenem Tag wurde ihm der Orden der Arbeit mit der Roten Fahne verliehen.
Im Verlauf dieser feierlichen Versammlung überbrachte die kleine Gelia, sie war sechs Jahre alt, Stalin einen Blumenstrauß. Stalin nahm sie auf den Arm. Dieser Augenblick wurde von der Kamera festgehalten. Das Foto erreichte eine astronomische Zahl von Vervielfältigungen und diente als Vorlage für unzählige Gemälde, die ihrerseits zum beinahe unverzichtbaren Attribut von Einrichtungen für Kinder wurden – Schulen, Kindergärten, Pionier- und Kinderheimen. Dieses Foto ist zum offiziellen Symbol für die glückliche Kindheit der ›vom Lächeln Stalins gerührten‹ kleinen Sowjetbürger geworden. Als Stalin Gelia auf seinen Arm genommen hatte, fragte er sie: ›Was hättest du denn gerne, eine

Uhr oder einen Phonographen?‹ (Das war der übliche Gewinn: Laut Sitzungsprotokoll erhielten alle Delegierten als Geschenk eine Uhr oder einen Phonographen mit Schallplatten.)
›Beides: die Uhr und den Phonographen‹, antwortete Gelia. Stalin lachte, und alle Anwesenden stimmten darin ein.
Am nächsten Tag erhielt Gelia einen Phonographen mit einem Sortiment Schallplatten und eine goldene Uhr. In beides war eingraviert: ›Für Gelia Markizowa. Vom Parteiführer J.W. Stalin.‹
Gelias Vater wurde kurz nach seiner Rückkehr nach Ulan-Ude festgenommen, ebenso Erbanow, Dorjiew und andere führende Persönlichkeiten der Burjato-Mongolischen Republik. Sie wurden als Volksfeinde erschossen. Dann wurde Gelias Mutter ebenfalls verhaftet; als sie das Lager verließ, schickte man sie nach Turkestan in die Verbannung, und sie nahm sich das Leben. Gelia und ihr Bruder wurden Waisenkinder. Sein ganzes Leben lang hat das kleine Mädchen im Matrosenkleid – das Symbol der glücklichen Kindheit kleiner Sowjetbürger – die Geschenke aufbewahrt, in die sein Name eingraviert ist, die Geschenke ›vom Parteichef J.W. Stalin‹.«

Товарищ **Сталин** с шестилетней **Гелей Маркизовой,** преподнесшей ему букет цветов — подарок делегации Бурят-Монгольской Автономной Советской Социалистической Республики. Справа на снимке — секретарь Бурят-Монгольского обкома ВКП(б) тов. **Ербанов.**

Снимок сделан в Кремле 27 января 1936 года. Фото М. Калашникова.

27. Januar 1936, Moskau. Das Foto erschien am 30. Januar 1936 in der *Prawda* und ist mit M. Kalaschnikow signiert. Die Bildunterschrift lautet übersetzt: »Genosse Stalin und die kleine Gelia Markizowa, sechs Jahre alt, die ihm einen Blumenstrauß überreicht hat als Geschenk der autonomen sozialistischen Burjato-Mongolischen Sowjetrepublik. Rechts im Bild der Sekretär des Regionalkomitees der KP der burjatischen Mongolei, Genosse Erbanow.« Anzumerken ist hierzu, daß es sich schon bei diesem Foto wahrscheinlich um eine Fotomontage handelt.
Der Text, der in *Pamijat* (Die Erinnerung) Nr. 1, Moskau 1976, signiert mit den Initialien L. A., erschienen war, wurde erneut abgedruckt in: *L'Alternative* Nr. 29, September-Oktober 1984.

1. Auf April 1925 datierte Fotografie unbekannter Herkunft.
2. *Stalin-Album*. Moskau 1939.

Gruppenreduzierung

April 1925. Führende Persönlichkeiten der Ära nach Lenin. Von links nach rechts: Mihail Laschewitsch, stellvertretender Kriegskommissar, Mihail Frunse, Nachfolger Trotzkis an der Spitze der Roten Armee, A. P. Smirnow, Landwirtschaftskommissar, Alexej Rykow, Vorsitzender des Rates der Volkskommissare, Klementi Woroschilow, der Frunse nachfolgen sollte, Stalin, N. Skrypnik aus der ukrainischen Parteiführung, Andrej Bubnow, Leiter der politischen Abteilung der Armee, und Grigorij Orschonikidse, aus Georgien stammender Freund Stalins. Die gleiche Fotografie taucht vierzehn Jahre später wieder auf. Um Stalin herum sieht man nur noch Frunse, Woroschilow und Orschonikidse. In der Zwischenzeit hat Laschewitsch Selbstmord begangen (1928), ist Smirnow verschwunden, Rykow erschossen worden (1938), hat Skrypnik sich umgebracht (1933), ist Bubnow hingerichtet worden (1938). Aber daraus sollte man nicht schließen, daß alle diejenigen überlebt hätten, die auf dem Foto noch vorhanden sind: Frunse ist 1925 auf verdächtige Weise an den Folgen einer Operation gestorben, und Orschonikidse wurde 1937 hingerichtet (oder in den Selbstmord getrieben)!

Wirklicher als in natura

Fotografien, Wandbilder, Gemälde genügten gewiß nicht, um serienmäßig die Züge desjenigen zu reproduzieren, den die Propaganda mit immer hochtrabenderen Titeln beehrte: »Unser Leuchtturm«, »Sonne der Menschheit«, »Ruhmreicher Pilot des weltweiten Oktober«, »Vater der Völker«, »Der funkelndste Diamant der Partei« usw. Seit Ende der dreißiger Jahre bemächtigt sich das Kino der Person Stalins. Obwohl die allgemeine sowjetische Filmproduktion ansonsten merklich zurückgeht, trägt eine große Zahl von Filmen zur Entstehung einer gewaltigen Mythologie bei, die einzigartig in der Geschichte und noch nicht vollständig untersucht ist.
Zwei historische Perioden werden auf diese Weise durchgesehen und korrigiert. Zunächst die Oktoberrevolution, in der Stalin nur eine zweitrangige Rolle gespielt hatte: Filme wie *Lenin im Oktober* (von Mihail Romm, 1937), *Das Viertel von Wyborg* (Grigori Kosinzew und Leonid Trauberg, 1938) *Der Mann mit dem Gewehr* (Sergej Jutkewitsch, 1938), *Lenin 1918* (M. Romm, 1939, *Jakob Swerdlow* (S. Jutkewitsch, 1940) oder *Das unvergeßliche Jahr 1919* (Mihail Tschiaureli, 1941) zeigen einen allwissenden Stalin, der stets an Lenins Seite ist, ihn wirksam berät, an allen Phasen der Revolution teilnimmt und sogar offen auftritt, als Lenin sich noch im Untergrund befindet. So war die Person Stalins in *Lenin 1918* in fast 40 der 133 Minuten präsent, die die Originalfassung des Films dauerte.
Die andere Periode ist die des Zweiten Weltkrieges. Während sich die Strategie Stalins den ganzen Krieg über als eher schwach erwies, präsentieren *Die entscheidende Wende* (F. Ermler, 1945), *Der Schwur* (M. Tschiaureli, 1946), *Der dritte Schlag* (Igor Sawtschenko, 1948), *Die Schlacht von Stalingrad* (Wladimir Petrow, 1949/50) oder *Der Fall von Berlin* (M. Tschiaureli, 1949) einen militärischen Führer mit genialen Intuitionen, der in einem einsamen Büro zwischen zwei Zügen aus seiner Pfeife die entscheidenden Schlachten festlegt. In seiner *Kurzbiographie* (1948) wird Stalin als »der größte Stratege aller Zeiten« glorifiziert. Wie später aus den Enthüllungen Chruschtschows zu erfahren ist, hatte Stalin selbst verschiedene Passagen eigenhändig hinzugefügt, z.B.: »Das Genie des Genossen Stalin erlaubte ihm, die Pläne des Feindes zu erraten und sie zunichte zu machen.«

Zwanzig Jahre lang hat ein einziger Schauspieler die Person Stalins in fast allen diesen Filmen verkörpert: Mihail Gelowani. Wie sein Vorbild war er Georgier. Man überhäufte ihn mit Ehren. Er spielte immer ziemlich steif – »er habe den Eindruck gehabt, ein Denkmal aus Granit zu sein«, erklärte er später. Einige Passagen aus *Der Schwur* (Stalin verharrt andächtig in dem verschneiten Garten, wo er einst Lenin besuchte, und vernimmt Lenins Stimme; an anderer Stelle sieht er sich die Panne an einem Traktor an) oder aus *Der Fall Berlins* (ein Stalin in Rosa und Khaki gießt liebevoll seine pastellfarbenen Grünpflanzen, eine Schar blumengeschmückter junger Mädchen ruft in rührender Spontaneität aus: »Es lebe Stalin, der uns ein so glückliches Leben bescherte!«) verdienten es, in eine Anthologie des Kitschs aus aller Welt aufgenommen zu werden.

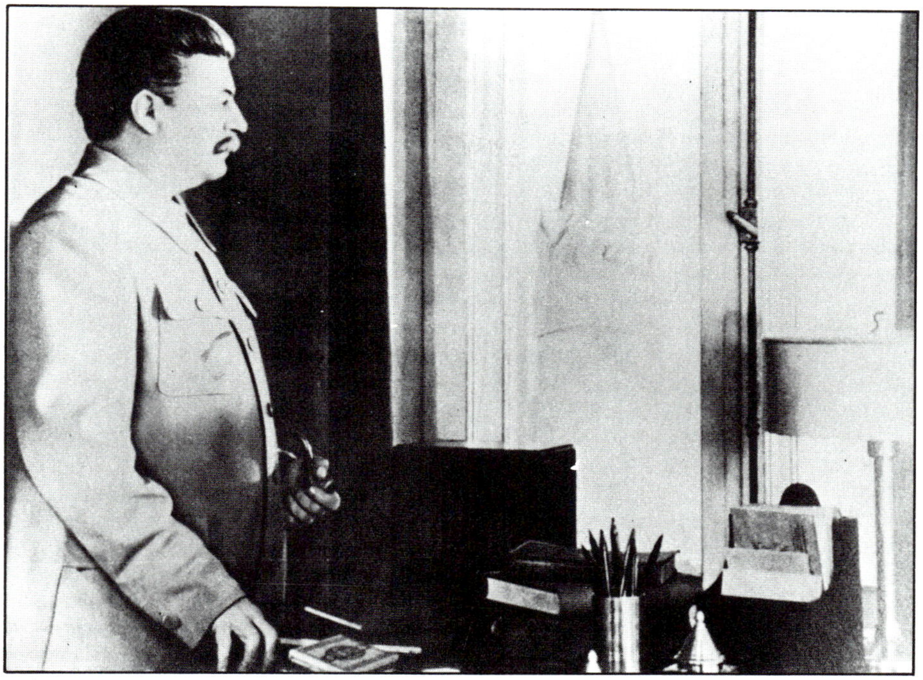

1. und 3. *Der Schwur,* von Mihail Tschiaureli, 1946.
2. *Der Fall Berlins,* von Mihail Tschiaureli, 1949.
4. *Die Schlacht von Stalingrad,* von Wladimir Petrow, 1949/50.

Unter den Bildern liegt der Gulag

Seit Mitte der zwanziger Jahre verkünden die sowjetischen Zeitschriften und in deren Folge Bücher, Broschüren, Fotoalben, Postkartenserien oder Plakate unaufhörlich das Heldenepos der Großbaustellen. Riesige Kanäle, metallurgische und chemische Kombinate, Eisenbahnstrecken, Pipelines, Gold- oder Silberminen und neue Städte werden manchmal in Rekordzeiten gebaut. Man mobilisiert Schriftsteller und Fotografen, damit sie die großen Errungenschaften des »Sowjetlandes« aufzeigen und besingen.

Tatsächlich basiert der größte Teil dieser Mammutbaustellen auf der Zwangsarbeit. Sie wird 1919 in Rußland eingeführt und macht es möglich, zunächst die »Klassenfeinde«, dann immer größere Gruppen der Bevölkerung in die Verbannung zu schicken, und zwar nach einem unaufhörlich erweiterten Mechanismus, der unter Stalin zwischen 1937 und 1950 seinen Höhepunkt erreicht. Heerscharen von Funktionären werden auf die Beine gebracht, Vieh- und Lastwagen oder Schiffe beschlagnahmt, Hunderte von Lagern oder Gefängnissen gefüllt, und es entstehen riesige Strafkolonien, die sich über Tausende von Kilometern erstrecken.

Diese Bilder vom Bau des Kombinats Kuznetsk in Sibirien wurden, mit Hymnen versehen, in der Zeitschrift *L'URRS en construction* veröffentlicht. Das Kombinat wurde in der Tat größtenteils von Zwangsverschleppten gebaut, die Tag und Nacht in den ungesunden Torfmooren arbeiteten, und im Winter in Eis und gefrorenem Schlamm. »Täglich wird zum Klang der Orchester der Name der Brigade verkündet, die einen neuen Rekord errungen hat. Die Lautsprecher übertragen an 50000 Arbeiter die Namen der Sieger. Die Arbeit ist zu einer Sache des Ruhmes und der Ehre geworden.« So formulieren es die Journalisten der Zeitschrift. Ergebnis: Mehrere tausend Namenlose kamen bei der Arbeit um. Dutzende andere Artikel präsentierten gleichermaßen ehrgeizige Großunternehmungen. Einige davon, absurde, unnütze oder technisch unmögliche Projekte, wurden ohne äußere Mittel, aber zum Preis Zehntausender von Menschenleben durchgeführt. Das war beispielsweise der Fall beim Weißmeerkanal (1932) oder der Eisenbahnstrecke Kotlas-Workuta. Jedesmal stellten die Propagandaschriften und -bilder die Baustellen als Stätten der Arbeit dar, wo begeisterte junge Freiwillige den Kommunismus aufbauten. Aber hin und wieder nimmt man auf den Aufnahmen dieser Baustellen die winzigen Gestalten bewaffneter Aufseher wahr, oder man erkennt Wachttürme, die die Zensur wegzuretuschieren vergaß. Millionen von Russen dreier Generationen sollten zwischen 1919 bis 1960 durch Arbeitslager gehen. Viele von ihnen kehrten nicht zurück. Je nach Rechenmethode gehen die Schätzungen der Demographen auseinander: Den optimistischsten zufolge soll der »Stalinismus« die Sowjetunion 17 Millionen Tote gekostet haben, den pessimistischsten zufolge 60 Millionen.

1. und 2. Reportage über die Baustellen von Kuznetskroi in Sibirien. In: *L'URSS en construction* Nr. 4, April 1932. Die Bildunterschrift des ersten Fotos: »Kommunistische Samstage auf dem Kraftwerk«.
3. Aushebung des Fundaments der Autofabrik von Nijni-Nowgorod. In: *L'URRS en construction* Nr. 1, Januar 1933.

ЗДЕСЬ-В КАТЫНСКОМ ЛЕСУ.
ОСЕНЬЮ 1941 ГОДА РАССТРЕЛЯНЫ
ГИТЛЕРОВСКИМИ ИЗВЕРГАМИ
11000 ВОЕННОПЛЕННЫХ
ПОЛЬСКИХ СОЛДАТ
И ОФИЦЕРОВ.
ВОИН КРАСНОЙ АРМИИ ОТОМСТИ!

Ein Schild in Katyn

1939. Von der Roten Armee und dem deutschen Heer in die Zange genommen, kapituliert die polnische Armee. Über 200 000 Soldaten werden von den Sowjets gefangengenommen und in die sibirischen Lager verbannt. 15 000 Offiziere und Unteroffiziere werden in andere Lager verschleppt und verschwinden vollkommen. Zwei Jahre später wendet sich Hitler gegen seinen Verbündeten Stalin und greift die Sowjetunion an. Die sowjetische Regierung versucht nun, mit der polnischen Exilregierung in London ein Bündnis zu schließen. Die polnischen Vertreter fordern die Befreiung ihrer Offiziere, erhalten aber keine Auskunft.

Anfang 1943 werden die Deutschen, die in das Gebiet von Smolensk eingefallen sind, davon in Kenntnis gesetzt, daß es im Wald von Katyn Massengräber gibt. Es werden die Leichen von mehreren tausend polnischen Offizieren ausgegraben. Allen sind noch die Hände mit einem Seil auf dem Rücken zusammengebunden. Alle wurden durch Genickschüsse getötet. Trotz des Krieges und seiner Schrecken hat dieser Fund eine beträchtliche Wirkung ausgelöst. Goebbels bedient sich der Sache zum Zwecke einer heftigen Propaganda gegen die »russische Barbarei«. Die Sowjets beschuldigen umgekehrt die Nazis des Verbrechens. Eine internationale Kommission, die 1943 vor Ort arbeitet, datiert das Massaker auf Frühjahr 1940, also auf die Zeit, wo das Gebiet noch in russischer Hand war: 4143 polnische Offiziere wurden erschossen und in sieben Gruben im Wald von Katyn verscharrt. Etwa 3000 von ihnen können dank ihrer Papiere identifiziert werden. Als die Sowjets das Gebiet von Smolensk zurückerobern, nominiert man in Moskau einen anderen Untersuchungsausschuß, der den Inhalt der Gräber auf 11 000 Leichen (eine absichtlich übertriebene Zahl) schätzt und den Todeseintritt auf Herbst 1941 datiert (also nach Einnahme des Gebietes durch die Deutschen).

Den Ermittlungen der internationalen Kommission zufolge, die nach dem Krieg durch einige Zeugenaussagen vervollständigt wurden, sind die 4143 Offiziere in Wirklichkeit einer nach dem anderen von den Agenten des NKWD, der politischen Polizei der Sowjetunion, erschossen worden, die auf direktem Befehl Berijas handelten. Geheimgeblieben ist die Stelle, wo sich die Massengräber mit den 10 000 Leichen der übrigen Offiziere befinden. Nach Zeugenaussagen sollen 6000 von ihnen in der Ostsee versenkt worden sein.

Das Massaker von Katyn wurde zum wahren Trauma polnischer Geschichte und Erinnerung. Dennoch war es in Polen bislang absolut verboten, davon zu sprechen (eine der ersten politischen Anstöße der freien Gewerkschaft »Solidarnosc«). Die in der UdSSR oder in verschiedenen Ostblockländern veröffentlichten Bücher lasten das Massaker immer noch den Nazis an. Um die sowjetische These zu untermauern, erschienen wiederholt solide »dokumentierte« Werke, die vor allem für die Polen bestimmt waren. Aus gefälschten Dokumenten (der NKWD hatte das Gelände für den sowjetischen Untersuchungsausschuß präpariert, indem er den Leichen hier und dort Briefe und Papiere beifügte, um zu beweisen, daß die Polen 1941 noch am Leben waren), falschen Zeugenaussagen und Fotos mit irreführenden Bildlegenden setzt sich beispielsweise die umfangreiche Akte *Die Wahrheit über Katyn* (1952) zusammen. Das ganze gipfelt in diesem Foto von einer Gedenktafel, die die Sowjets im Wald von Katyn aufstellten und worauf es heißt: »Hier im Wald von Katyn wurden im Herbst 1941 11 000 polnische Kriegsgefangene, Soldaten und Offiziere von den Schergen des Hitler-Regimes erschossen. Die Truppen der Roten Armee werden sie rächen!«

1. Aus dem Buch von Boleslaw Wojcicki, *Prawda o Katyniu* (Die Wahrheit über Katyn), Warschau 1952. Da der Zugang zum Waldgebiet Ausländern und sogar Sowjets verwehrt ist, konnten wir nicht herausfinden, ob diese Tafel immer noch dort steht.
2. Foto des internationalen Untersuchungsausschusses, veröffentlicht in *Zbrodnia Katynska w s'wietle dokumentow*, London 1948.

Kapitulation in Cinemascope

9. Mai 1945. Am Tag zuvor ist der Waffenstillstand geschlossen worden, und Generalfeldmarschall Keitel unterzeichnet die Kapitulationsurkunde (1). Ihm gegenüber sitzt der amerikanische General Spaatz und links von ihm der russische General Schukow.
Dieses Foto mit den merkwürdig verzerrten Perspektiven wurde in sowjetischen Geschichtsbüchern veröffentlicht. In Wirklichkeit ist es ein zusammengesetztes Bild: Mehrere Aufnahmen wurden zusammengefügt, um so eine Gesamtansicht des Ereignisses zu vermitteln. Vergleicht man es mit einer anderen, gleichzeitig entstandenen Aufnahme (2), so stellt man fest, daß auch die Fahnen auf der Wand hinten im Bild heruntergelassen wurden, so daß sie hervortreten.

1. Zusammengesetztes Foto, in den Memoiren von Marschall Schukow (*Vospominanya i razmishtlenia,* Moskau 1974; engl.: *Reminiscences and Reflections,* Moskau 1985). Ebenso in dem Buch von Marschall Tschuikow, *Stalingrad-Berlin, le chemin de feu,* Moskau 1985.
2. Dieses Foto wurde veröffentlicht in *Roman Karmen,* Moskau 1983. Der Mann an der Kamera hinter Schukow ist Roman Karmen.

Krieg und Kino

Der Zweite Weltkrieg, von den Russen »Großer vaterländischer Krieg« genannt, war nach 1945 das bevorzugte Thema russischer Filmregisseure. Gleich im Jahr des Sieges befiehlt Stalin, das Kino solle über die Siege der Roten Armee berichten. Trotz der Notlage werden enorme Budgets für Kriegsfilme aufgebracht. Zu den bekanntesten gehören *Die Schlacht von Stalingrad* (W. Petrow, 1949/50), *Die entscheidende Wende* (F. Ermler, 1945) oder *Der Fall Berlins* (M. Tschiaureli, 1949). Und infolge einer schon früher beobachteten Eigendynamik wird die historische Ikonographie nach und nach mit Spielfilmaufnahmen durchsetzt, und im Laufe der Jahre werden die gelungensten fürs Kino rekonstruierten Bilder von Schlachten zu wirklich historischen Bildern...

1. Aus: *Die Schlacht von Stalingrad,* von Wladimir Petrow, 1949/50. Mehrere Filmbilder wurden abgedruckt in *Stalingrad,* Moskau 1966, und in *Velikaya Oteschestvennaya 1941–1945* (Der Große vaterländische Krieg 1941–1945), Moskau 1984.
2. Desgleichen sind die Bilder von der Stürmung des Reichstages in *Der Fall Berlins* häufig in Geschichtsbüchern abgebildet.

Die Kunst des Mosaikfotos

Im 19. Jahrhundert hatten die ersten Fotografen ein Geschicklichkeitsspiel erfunden, um die Beherrschung ihrer Technik unter Beweis zu stellen: Es gelang ihnen, sehr viele Personen, die zu verschiedenen Zeitpunkten fotografiert worden waren, auf denselben Abzug zu bringen: Diese Technik bezeichnete man als »Mosaikfoto«. Eines der schönsten Exemplare dieser Art ist zweifellos jenes Foto, das von der Sowjetunion am Tag nach einer Feierstunde zum 70. Geburtstag Stalins, die im Moskauer Bolschoi-Theater (Dezember 1949) stattfand, verbreitet wurde: Fünfzehn führende russische und ausländische Kommunisten haben sich auf der Tribüne um den alten Diktator herum versammelt. Unter ihnen sind Togliatti, Kossygin, Kaganowitsch, Mao Tse-tung, Bulganin, Ulbricht, Chruschtschow, Dolores Ibarruri, Gheorghiu-Dej, Suslow, Malenkow, Berija und andere mehr. Man erkennt sofort, daß es nahezu unmöglich ist, eine solche Szene fotografisch adäquat zu gestalten (aus Platz- und Lichtmangel; einige Personen stünden in der zweiten Reihe oder im Schatten, wären verdeckt oder bewegten sich; verschiedene Details gingen verloren). Diese ehrgeizige Komposition, die beansprucht, das ganze Ereignis vollständig wiederzugeben, läßt aber weder ein Gesicht noch ein einziges Detail zu. Vermutlich ist sie aus mehreren Fotos zusammengestellt worden, und die Gestalten aller Geladenen von Rang wurden ausgeschnitten, nachgezeichnet und in einer Reihe auf die Tribüne postiert, was tatsächlich deutlich wird, wenn man die Aufnahme aufmerksam betrachtet. Der Hintergrund – Standarten, Soldaten als Fahnenträger, Palmen, Blumen und Blattwerk, ein überdimensionales Porträt Stalins und drei riesige Letternzeilen, die vom Schnürboden herabhängen – wurde sicherlich gleichfalls mit Hilfe einer oder mehrerer Originalaufnahmen nachgezeichnet. Somit wurde das »Familienfoto« völlig neu überarbeitet und zurechtgemacht, wobei ein jeder seinen von den komplizierten hierarchischen und protokollarischen Kriterien bestimmten Platz einnimmt und dem Publikum ein neutrales, einheitlich beleuchtetes Gesicht darbietet. Die ganze »Familie« (eine Familie von ausgeschnittenen Pappfiguren), ja der ganze Raum des Bolschoi (ein Theaterraum aus Fahnen, immens vielen Soldaten, Parolen und, wie zu erwarten, Wellen vorprogrammierten Beifalls) werden überragt vom Blick des »Führers und Erziehers« (so genannt auf den vom Schnürboden herabhängenden Lettern).

Diese retuschierten, neu arrangierten und manchmal völlig nachgestellten Gruppenfotos sind eine Spezialität des sowjetischen Pressebüros. Nach 1945 sind sie zu richtigen Einsätzen im diplomatischen Spiel gekommen. Trotz der quälenden Monotonie, die von ihnen ausgeht, begannen sie bald, Diplomaten und Sowjetologen zu faszinieren, die rasch lernten, die heimlichen Zeichen der »Geschichte« darin zu deuten. Denn es handelt sich tatsächlich um codierte Botschaften: Bei den Paraden zum 1. Mai, den Jahrestagen der Oktoberrevolution und den verschiedenen Gedenkfeiern standen die Würdenträger um Stalin herum auf dem Mausoleum in einer peinlich genauen Anordnung, die sowohl vom Protokoll als auch von den Launen des Diktators bestimmt wurde. 1948: Molotow, Berija, Kaganowitsch, Malenkow. 1949: Bulganin, Molotow, Malenkow, Berija, Mikoyan. 1951: Malenkow, Berija, Mikoyan, Kaganowitsch, Molotow, Chruschtschow. 1952: Malenkow, Berija, Molotow, Mikoyan, Kaganowitsch, Chruschtschow. Molotows und Bulganins Ungnade, Malenkows kontinuierlicher Aufstieg, Kaganowitchs und Mikoyans Umherirren, der gute Stand Berijas, der unauffällige Durchbruch Chruschtschows – Jahr für Jahr konnte man somit den aktuellen Kurs der Kremlherren ablesen, die Launen des Chefs erraten und über dessen Nachfolge spekulieren. Eines der offiziellen Fotos von Stalins Begräbnis am 8. März 1953 zeigt alle Repräsentanten des internationalen Kommunismus auf der Tribüne des Mausoleums stehen, wenige Augenblicke, bevor der gläserne Sarg hineingetragen wird (der Name des Mannes aus Stahl steht bereits auf dem Frontispiz unter dem von Lenin). Einmal mehr postieren dort Dej, Ulbricht, Dolores Ibarruri, Togliatti, flankiert von Nenni, Bulganin, Molotow, Woroschilow, Malenkow, Chruschtschow, Berija und Mikoyan. Chou En-lai vertritt China, Duclos die KP Frankreichs. Auch Gottwald ist da und zieht sich gerade die Erkältung zu, die ihn fünf Tage später ins Grab bringen sollte. Und auf diesem neuen Familienporträt entdeckt man zudem, daß sämtliche Figuren einheitlich ausgeleuchtet und dem Fotografen zugewandt sind, daß die Tannenwipfel nicht mehr die Seitenflügel der Tribüne überschatten und niemand verdeckt wird (eine bemerkenswerte Ausnahme: Palmiro Togliatti verdunkelt leicht Pietro Nenni, den Sekretär der Sozialistischen Partei Italiens, der nur ein gewöhnlicher »Weggenosse« war).

1. Dezember 1949. Agentur TASS.
2. Ausschnitt aus dem vorherigen Foto.
3. Maiparade 1952.
4. *Prawda* vom 10. März 1953.

ДА ЗДРАВСТВУЕТ ВЕЛИКИЙ ВОЖДЬ И УЧИТЕЛЬ
КОММУНИСТИЧЕСКОЙ ПАРТИИ И СОВЕТСКОГО НАРОДА
ТОВАРИЩ И.В. СТАЛИН!

ЛЕНИН

ЛЕНИН
СТАЛИН

…Договаривающихся Сторон подвергнется нападению со стороны Япо-…и или союзных с ней государств, и она окажется, таким образом, в …стоянии войны, то другая Договаривающаяся Сторона немедленно ока-…ет военную и иную помощь всеми имеющимися в ее распоряжении …едствами.

Договаривающиеся Стороны также заявляют о своей готовности в …ухе искреннего сотрудничества участвовать во всех международных

…одна из Договаривающихся Сторон за год до истечения срока не заявит о желании денонсировать Договор, то он будет продолжать оставаться в силе в течение 5 лет и в соответствии с этим правилом будет пролонгироваться.

Составлено в г. Москве, 14 февраля 1950 года в двух экземплярах, каждый на русском и китайском языках, причем оба текста имеют одинаковую силу.

По уполномочию Президиума Верховного Совета Союза Советских Социалистических Республик
А. ВЫШИНСКИЙ.

По уполномочию Центрального Народного Правительства Китайской Народной Республики
ЧЖОУ ЭНЬ-ЛАЙ.

Не Чунь-юн, Ло Вэй, члены и ответственные сотрудники Китайского Посольст… в Москве.

В числе гостей были Посол Чехословацкой Республики г. Б. Лаштовичка, Пос… Корейской Народно-Демократической Республики г. Дю Ен Ха, Посол Народной Респу…лики Болгарии г-жа С. Благоева, Посол Румынской Народной Республики г. С. Буги… Посол Венгерской Народной Республики г. А. Собек, Посланник Монгольской Народно… Республики г. Н. Идамжаб, Посланник Народной Республики Албании г. В. Натанаил… Глава Дипломатической Миссии Германской Демократической Республики г. Р. Аппель… Временный Поверенный в Делах Польской Республики г. И. Замбрович, а также член… Посольств и Миссий указанных стран.

(ТАСС).

Подписание Договора и Соглашений между Советским Союзом и Китайской Народной Республикой. Подписывает Договор **А. Я. Вышинский.** На снимке (слева направо): **А. А. Громыко, Н. А. Булганин, Н. В. Рощин,** г-н **Чжоу Энь-лай, А. И. Микоян, Н. С. Хрущев, К. Е. Ворошилов, В. М. Молотов, И. В. Сталин,** г-н **Мао Цзе-дун, Б. Ф. Подцероб, Н. Т. Федоренко,** г-н **Ван Цзя-сян, Г. М. Маленков,** г-н **Чен Бо-да, Л. П. Берия,** г-н **С. Азизов, Л. М. Каганович.**

Фото Ф. Киселева.

Variable Geometrie eines Pakts

1950. Stalin und Mao unterzeichnen in Moskau den chinesisch-sowjetischen Freundschaftsvertrag. Die Volksrepublik China besteht seit kaum sechs Monaten. Ein Ereignis, dem die *Prawda* ein großes Foto von offensichtlich unmöglichem Format widmet, auf dem alle Anwesenden zu sehen sind. Mehrere sowjetische Maler kommen zusammen, um ein Gemälde gigantischen Ausmaßes zu schaffen, das vor allem Stalin ins rechte Licht rücken wird. Auch die Chinesen stellen ein Gemälde her, das aber nüchterner ist und Stalin mit Mao auf eine Ebene stellt. Vom Foto bleibt dabei nur ein kleiner Ausschnitt übrig, der die beiden Hauptakteure zeigt. 1953 stirbt Stalin. Einige Tage später erscheint in der Prawda erneut ein Ausschnitt des Fotos vom Vertrag. Aber diesmal hat sich jemand dem Paar Stalin-Mao genähert und, um die Wirkung noch zu verstärken, hat man Minister Wyschinski, der den Vertrag unterzeichnete, wegretuschiert. Der Neuankömmling ist Malenkow, der sich im Bemühen um die Nachfolge Stalins in die Geschichte dadurch einzuschleichen versucht, daß er sich großen Männern »annähert«. Fast zwei Jahre lang soll ihm dies gelingen, doch dann wird er durch Chruschtschow verdrängt.

1. *Prawda,* 14. Februar 1950.
2. *Prawda,* 10. März 1953.
3. *People's China,* Bd. 1, Nr. 1, 1. April 1950.

Kronprinzenwalzer

5. März 1953. Stalin ist tot. Die Fotografie seines einbalsamierten Leichnams wird sogleich von der internationalen Presse verbreitet. Dasselbe Foto dient als Grundlage für eine ziemlich plumpe Montage, die schon am 7. März in der *Prawda* erscheint. Die Gruppe führender Persönlichkeiten, Freunde und potentieller Nachfolger wurde dem Hintergrund auf recht unprotokollarische Art aufgeklebt. Dennoch hebt sich Malenkow deutlich von den anderen ab. Der nächste Tag bringt ein neues Foto. Diesmal stehen die sechs Personen, die die höchsten Ämter bekleiden, symmetrisch in einer Reihe vor dem Leichnam: auf der einen Seite Chruschtschow, Berija, Malenkow, auf der anderen Bulganin, Woroschilow und Kaganowitsch. Die offizielle, feierliche Fotografie kommt einem dennoch etwas zweifelhaft vor, wenn man sie aus der Nähe prüft. Die Stoffdraperien des Katafalks und die sie einfassenden Blumen wurden neu gemalt, ebenso die Feinheiten der Anzüge und die Schatten. Vor allem ist Stalins Kopf recht überdimensioniert, obgleich er sich doch im Hintergrund befindet. Die Zweifel verstärken sich, sobald man die verschiedenen Fassungen der Aufnahme vergleicht, von denen einige damals im Umlauf waren oder in Zeitschriften und Büchern zu finden sind: Der Abstand zwischen Berija und Malenkow ist ein anderer, ebenso der Hintergrund zwischen Bulganin und Woroschilow. Offensichtlich wurden diese Figuren auf den Hintergrund geklebt (vielleicht, um die bei dem Leichnam wachenden Soldaten wegfallen zu lassen).
Aber das Bild sollte das Gleichgewicht der anwesenden Kräfte nicht vollständig wiedergeben, denn seit dem 9. März veröffentlicht die Prawda eine neue Reihe, die gleichfalls zusammenmontiert ist, dieses Mal aber zwei Neuzugänge miteinschließt. Molotow (links) und Mikoyan (rechts).

1. Von TASS verbreitetes Foto, 7. März 1953.
2. Fotomontage auf Seite 2 der *Prawda* vom 7. März 1953.
3. *Prawda*, 8. März 1953. Das Foto ist von A. Ustinow und F. Kislow signiert.
4. *Prawda*, 9. März 1953 und *Ogonjok*, 15. März 1953.

2 ПРАВДА 7 МАРТА 1953 г., № 66 (12634)

Иосиф Виссарионович СТАЛИН

В Колонном зале Дома Союзов 6 марта 1953 года. Руководители Партии и Правительства у гроба товарища И. В. Сталина.

В Колонном зале Дома союзов 7 марта 1953 года. Руководители Партии и Правительства у гроба товарища И. В. Сталина.
Фото А. Устинова и Ф. Кислова.

Пролетарии всех стран, соединяйтесь!
Коммунистическая партия Советского Союза
ПРАВДА
Орган Центрального Комитета Коммунистической партии Советского Союза
№ 68 (12636) | Понедельник, 9 марта 1953 года | ЦЕНА 20 КОП.

Сегодня советский народ, все прогрессивное человечество провожают в последний путь своего великого вождя и учителя Иосифа Виссарионовича СТАЛИНА.

Eine verkannte Phase der Entstalinisierung

24. Februar 1956. Der 20. Parteitag der KPdSU hat seinen Höhepunkt erreicht. Im Verlauf des Abends legt Nikita Chruschtschow einen Geheimbericht vor. Von der *Prawda* wird dieser Bericht nicht erwähnt, doch gerät er in die Hände des US-amerikanischen Außenministeriums. Am 4. Juni veröffentlicht die *New York Times* den Bericht, die anderen wichtigen Zeitungen des Westens folgen.

Darin denunzierte Chruschtschow die Verbrechen Stalins und dessen manischen »Personenkult«. Von diesem Zeitpunkt an und bis zum Ende der Ära Chruschtschow (1964) legten die sowjetischen Behörden genauso viel Verbissenheit an den Tag, um Stalins Spuren auszulöschen, wie sie beinahe 25 Jahre lang aufgebracht hatten, um einen leibhaftigen Gott aus ihm zu machen – obgleich der Geheimbericht bis zum 22. Parteitag (1961) offiziell nie erwähnt wurde. Stalins Mumie wurde aus dem Mausoleum auf dem Roten Platz entfernt, seine Werke, die bis dahin in Millionenauflagen erschienen waren, wurden vernichtet oder versteckt. Statuen, Bilder und Gemälde wurden entfernt, Städte, Staudämme, Kombinate und Fabriken umbenannt, Geschichtsbücher aus dem Verkauf gezogen, umgeschrieben und erneut veröffentlicht. Die Fotos schließlich retuschierte man derart, daß er, dessen Bild doch allgegenwärtig gewesen war, restlos verschwand. Doch unter Breschnjew wurde diese radikale Eliminierung von 1964 an gemildert: Man zitierte Stalin wieder, kritisierte aber seine Strategie oder seine politische Linie, ohne jedoch den »Persönlichkeitskult« wie die Säuberungen und Deportationen zur Sprache zu bringen. Und in den Geschichtsbüchern konnte man zuweilen sein Porträt zwischen anderen Bolschewiken entdecken.

Das Kino ist ein Bereich, in dem die Entstalinisierung die merkwürdigsten Formen angenommen hat. Stalin wurde entweder aus allen Sequenzen herausgeschnitten, oder man retuschierte seine Gestalt mittels Masken weg. Eine Szene aus *Lenin im Oktober* zeigte Lenin und Stalin, wie sie durch einen Saal auf das Podium zugingen. In der moderneren, nämlich ›bereinigten‹ Fassung wird Stalin von der Gestalt eines Matrosen maskiert. Die Originalfassung von *Lenin 1918* dauerte 133 Minuten. Heute dauert der Film noch 95 Minuten: Alle Sequenzen, auf denen Stalin zu sehen war und die für den Handlungsablauf nicht erforderlich waren, wurden geschnitten. Gleichermaßen ersetzte man die in Filmen vorhandenen Stalinporträts an den Wänden von Wohnungen und Ämtern durch Porträts von Marx oder Lenin: mittels einer plumpen Rückprojektionstechnik. Den in westlichen Kinematheken aufbewahrten Filmen widerfuhr das gleiche Schicksal, was um so einfacher war, als sich die Originalnegative in sowjetischer Hand befanden: Man bot an, die beschädigten Filmkopien kostenlos auszubessern, und schickte dann neue, aber von gewissen Stellen gereinigte Kopien zurück.

1. S. Goldshtab als Stalin in *Lenin im Oktober* (Mihail Romm, 1937).
2. M. Gulowani in *Das unvergeßliche Jahr 1919* (M. Tschiaureli, 1951).

Die maoistische Saga

Mit Mao Tse-tungs Geschichte, die über ein halbes Jahrhundert lang für die Geschichte Chinas stand, vollzieht sich ein Phänomen, das in vielen Dingen dem gleicht, das wir bei Stalin beobachtet haben. Ein überschwenglicher »Personenkult« blüht auf, wobei die Fotografie eine wesentliche Rolle spielt: Maos Porträt wird ins Unendliche vervielfältigt, seine Person isoliert, seine Rivalen werden wegretuschiert, reale geschichtliche Szenen zurechtgerückt oder neu zusammengestellt, und es werden sogar fiktive Szenen inszeniert. Diese retuschierten Bilder werden in Museen ausgestellt, in Zeitungen oder Büchern veröffentlicht und auch im Ausland verbreitet. Viele davon dienen der Illustration von Unwahrheiten oder der Verschleierung historischer Texte. Und so wie die Geschichte Chinas unter der Aufsicht der Partei geschrieben wird, die eine nicht mit ihrer Theorie oder politischen Linie übereinstimmende Episode schlichtweg eliminiert, ein anderes symbolisches Ereignis dagegen aber maßlos aufbauscht, haben alle historischen Bilder einen Sinn, bekommen einen festgelegten Platz zugewiesen und spielen eine klar umrissene Rolle. Sie haben ihren Code, ihre hierarchische Ordnung und enthalten ein Netz von Anspielungen, die zu entschlüsseln erst einmal verstanden werden muß. Die chinesischen Künstler haben sich als Meister in der Kunst des Retuschierens und der Fotomontage erwiesen. Sie haben alle großen Fotografien des Mao-Epos in Farbe gesetzt, haben den einen hervorgehoben, den anderen dagegen ins Nichts versenkt. Geschickt haben sie Details oder unerwünschte Personen wegretuschiert.
Aber im Unterschied zur Sowjetunion, wo Trotzkis fotografisches Verschwinden nun schon mehr als ein halbes Jahrhundert andauert, machten die Bilder in China eine ständige Entwicklung durch. Viele Wegretuschierte sind wieder in der Ikonographie aufgetaucht, während andere Persönlichkeiten ihrerseits verschwanden. Selbst Mao nimmt heute einen viel bescheideneren Platz inmitten der anderen kommunistischen Führer ein, und seine Bilder sind in Museen und Büchern nicht mehr im früheren Ausmaß vertreten. Das chinesische ikonographische System hat an Strenge verloren, und es kommt nicht selten vor, daß man im selben Bildband die aufeinanderfolgenden Fassungen desselben Bildes findet.

Vom Gruppenbild zum Andachtsbild

Als Mao Tse-tung nach 1949 allmählich zum Gegenstand eines wahren Kultes wurde, fiel den Propagandisten auf, daß seine wenigen Jugendbilder nicht immer mit der legendären Lebensgeschichte übereinstimmten, an der gerade geschrieben wurde. Mao war ein junger Mann aus gutem Hause gewesen, ein gewöhnlicher Student und ein führender Kommunist unter vielen anderen. Daher sind alle Porträts aus jener Zeit, die in den chinesischen Museen oder Büchern zu sehen sind, sorgfältig herausgelöste und retuschierte Vergrößerungen von Familienfotos, Studentenfotos oder von Aufnahmen politischer Versammlungen. So wird Maos Leben zu einer Aneinanderreihung nachgemalter Gesichter von unbewegter Schönheit. Auf den Fotos, die zwischen 1930 und 1940 von Mao im Widerstand gemacht wurden, trägt er stets zerknitterte Uniformjacken mit ausgebeulten Taschen und lumpigem Kragen sowie offene, manchmal ausgefranste Hemden. Sein Haar ist recht lang, und die widerspenstigen Strähnen fallen ihm häufig in die Stirn. Nach 1949 retuschieren die maoistischen Ikonographen alle diese Anzeichen einer eher eigenwilligen Natur weg. Ein Foto, das Edgar Snow 1936 erhielt und dann publizierte, war im November 1931 auf der Vollversammlung des 6. Kongresses der Kommunistischen Partei Chinas aufgenommen worden. Es zeigt mehrere Personen, darunter auch Mao. Genau dieses Bild – reduziert auf Maos Büste – dient später dazu, den jungen Revolutionär darzustellen. Allerdings wird der unbändige, offene Hemdkragen nun von der Uniformjacke verdeckt, die ihrerseits sorgfältig gebügelt und zugeknöpft ist. Und den Konturen seines struppigen Haars hat man wohlweislich eine angemessenere Form gegeben.

1. *Minzu Huabao* Nr. 11, 1976. Mao »in seiner Jugend« in den Jahren 1919, 1924, 1925, 1927 und 1931.
2. Foto eines unbekannten Autors, in Edgar Snow *Red Star over China* (1937). Von links nach rechts: Fang Chih-min, Chu Teh, Teng Fa, Hsiao K'e, Mao Tsetung und Wang Chia-Hsiang.
3. In: *Littérature chinoise* Nr. 11-12, 1976, und in *La Chine* Nr. 11, 1976.

蘇區中央局委員攝於第一次全蘇大會紀念日一九三一.十一
七於赤色瑞金

一九三三年，毛泽东同志在江西革命根据地八县贫农团代表会议上讲话。

Hammer und Sichel

Dieses 1933 aufgenommene Foto zeigt Mao, wie er auf einem Podium steht und seine Hände in die Hüften stützt – eine seiner Lieblingshaltungen. Später behält die maoistische Ikonographie nur noch den rechten Teil des Fotos bei, doch wurde Maos Gesicht nachgezeichnet, der Kragen seiner Uniformjacke geglättet und geschlossen, und es wurden die Knitterfalten in seinen Kleidern wegretuschiert. In verschiedenen anderen Fassungen verschwinden die drei unschönen schwarzen Falten im oberen Teil der Hose, und die rechte Jackentasche, die vollgestopft war, wird auf magische Weise erleichtert und glatt gestrichen. In einer letzten Fassung wird das Bild koloriert. Das Muster des Teppichs auf dem Tisch wird wegretuschiert und ein Element von der linken Hälfte des Fotos, das Schild mit Hammer und Sichel, auf die rechte Hälfte verlagert.

1. Juni 1933. In: *Illustrierte Geschichte der Volksbefreiungsarmee*, Bd. 1, Peking 1980.
2. In: *Minzu Huabao* Nr. 11, 1976. Bildunterschrift: »Genosse Mao Tse-tung hält 1933 eine Rede auf der Tagung der Vertreter der Verbände armer Bauern, die aus acht Distrikten der revolutionären Basis in Kiangsi gekommen sind.«

Revolution ohne Ausländer

Um 1938 posiert eine Gruppe ausländischer Besucher und Freunde zusammen mit chinesischen Führern für Edgar Snow. In der ersten Reihe befinden sich Po Ku, Chou En-lai und Wang Ming. In den chinesischen Geschichtsbüchern wie auch in den Memoiren Otto Brauns (des von Stalin entsandten Militärberaters, der die chinesische Armee vom Bewegungskrieg zum Stellungskrieg führte) findet sich dieselbe Fotografie, reduziert allerdings auf die drei chinesischen Führer. Bei der Herauslösung ging man ziemlich grob vor: Den Teil des Fotos, den man behalten wollte, schnitt man einfach mit der Schere heraus und klebte ihn auf einen grauen Untergrund auf. Zehn Personen, darunter Agnes Smedley (hinten Mitte), die Frau Chou En-lais (2. Reihe ganz rechts) und verschiedene Freunde aus dem Westen sind durch die Abhebung ausgelöscht worden: Die Revolution ist keine kosmopolitische Landpartie.

(995) 王明（即陳紹禹，圖右）、周恩來（圖中）、博古（即秦邦憲，圖左）攝於一九三一年。王明、博古是一九三一年至一九三五年中共的領導人，被指爲第三次「左」傾路線的執行者。

1. Foto von Edgar Snow, wahrscheinlich 1938 aufgenommen.
2. In: *Illustrierte Geschichte des modernen China*, Tiandi Tuschu, Peking 1980. Po Ku war lange aus der chinesischen Ikonographie verbannt: Gegen 1980 erscheint sein Bild wieder. Doch in diesem Fall wird nicht das ganze Foto rekonstruiert. Siehe auch Otto Braun, *Chinesische Aufzeichnungen 1932–1939*, Berlin 1975.

Neuinszenierung des Langen Marsches

1931 riefen die Kader der kommunistischen Partei, die der Niederschlagung des Aufstandes von Kanton 1927 entkommen waren, in der Provinz Kiangsi eine chinesische Räterepublik aus. Von Chiang Kai-sheks Truppen eingekreist, macht sich die 130 000 Mann starke Rote Armee auf einen schier endlosen Rückzug. Innerhalb eines Jahres legt sie einen Weg von ungefähr 12 000 km zurück und verliert drei Viertel ihrer Truppenstärke, bevor sie in Schensi Zuflucht findet (Oktober 1934–Oktober 1935). Der »Lange Marsch«, von blutigen Schlachten und legendären Heldentaten gefärbt, ist zum großen Ursprungsmythos des künftigen kommunistischen Staates geworden. Es ist die Zeit, in der Mao Meinungsverschiedenheiten geschickt auszuspielen versteht. Nach und nach gewinnt er die Herrschaft über das Zentralkomitee, indem er die Mitglieder der »linken« Gruppe und die allzu moskautreuen Kommunisten in die Minderheitsposition bringt.
Während sich das ganze Heldenepos abspielte, war kein einziger Fotograf zugegen, und lediglich ein paar sehr undeutliche und verschwommene Fotos oder aber solche, die zweitrangige Begebenheiten darstellen, überlebten den Langen Marsch. Als die Chinesen nach dem Sieg von 1949 darangingen, die Geschichte ihrer Revolution zu schreiben, verwendeten sie vor allem die Zeichnungen von Huang Chen, eines jungen Soldaten, der in der Propagandaabteilung der Roten Armee tätig war. Aber dem Mangel an Fotos wurde bald durch den Kinofilm abgeholfen. Die historischen Filme brachten riesige Massen von Kämpfern in gut geordneten Reihen auf die Leinwand und lieferten den chinesischen Illustratoren ihren Vorrat an Bildern. Und während überall in China bekannt war, daß es aus dieser historischen Epoche praktisch kein interessantes Foto gab, zögerte man nicht, Standfotos dieser Filme zu veröffentlichen, die man dann »Szenen des Langen Marsches« nannte.

1. und 2. Zeichnungen von Huang Chen, *Sketches of Travel to the West,* Shanghai, Oktober 1938.
3. Foto von den Dreharbeiten eines chinesischen Revolutionsfilms, wahrscheinlich *Die Überquerung von tausend Bergen und Flüssen* von Yan Jizhu, 1977.

Geschichte einer Mütze

Vor seiner Machtübernahme trug Mao selten Uniform und noch seltener eine Soldatenmütze. 1936 in Pao An besteht Edgar Snow aber darauf und setzt ihm seine eigene Mütze mit dem roten Stern auf den Kopf, um ihn als Soldaten zu fotografieren. Etwas verstimmt läßt Mao es über sich ergehen. Diese Aufnahme erfreute sich einer großen Nachkommenschaft. Das unscharfe Original zeigt ein angespanntes Gesicht mit starken Schatten und strengen Augenbrauen (ob der Maskerade scheint Mao verlegen zu sein). Der Kragen seiner Uniformjacke ist zerknittert. Maos Kopf hebt sich von einem Hintergrund ab, auf dem man eine Mauer erkennt (zweifelsohne eine derjenigen, die die Grotten von Pao An umschließen) und die Oberschwelle eines Eingangs. Jahre später bemächtigen sich die Illustratoren dieses Fotos (das schon bei seiner Entstehung inszeniert war) und machen daraus eines der wichtigsten Andachtsbilder des Mao-Kultes. Die Konturen von Gesicht und Mütze hat man schärfer herausgearbeitet, die Schatten abgeschwächt, Nasenflügel und -spitze sind sanfter geschwungen, Augen und Brauen ist die Strenge genommen, Mund, Ohren, Kragenknöpfe und der rote Stern sind übertüncht, der Uniformkragen aufgerichtet, Offiziersabzeichen hinzugefügt (oder vielleicht deutlicher herausgearbeitet), und der Hintergrund ist stark verwaschen, damit die Person besser zur Geltung kommt. Dieser Szene fehlten nur noch Farben, die man dann rasch hinzufügte, wodurch eines der berühmtesten Bilder des chinesischen Revolutionsepos geschaffen wurde.
Viele andere Fotos aus jener Zeit sollen auf die gleiche Art verwandelt werden. Und mit Hilfe einiger sehr einfacher Retuschen machte man aus dem widerspenstigen, mürrischen, unordentlichen Mao einen strengen General der Chinesischen Revolution.

1. Foto von Edgar Snow, 1936 in Pao An aufgenommen.
2. Revolutionsmuseum, Peking. Außerdem zahlreiche Veröffentlichungen, z. B. in *La Chine* Nr. 7-8, 1971, und in *La Chine* Nr. 11, 1976.

Spaziergang im Gelände

1942 kommt Mao nach Yenan, wo er die Bestellung der Felder überwacht. Vier Jahre später erscheint das gleiche Bild in einem Fotoband. Von nun an ist es aber farbig, und man hat die Bauern in der ländlichen Umgebung sowie die Neugierigen am Wegesrand verschwinden lassen. Das Foto hat nicht mehr dieselbe Bedeutung: Die Isolierung der Gestalt verstärkt deren fortan sakralen Charakter. Gleichzeitig hat man Maos Gesicht aufgehellt, die ungefälligen Knitterfalten von seinem Kragen entfernt und sein Haar leicht zurechtgestutzt.

1. Foto von Wu Yinxian, Yenan 1942.
2. In: *La photographie chinoise* Nr. 3, 1976.

Der Zwischenfall von Sian

Dezember 1936. In Sian, der Hauptstadt von Shensi, macht sich eine zahlenmäßig starke Armee der Kuomintang bereit zum Marsch auf Yenan, um das kommunistische Hauptquartier zu vernichten. Sie wird von Chang Hsueh-liang angeführt, dem Sohn eines mandschurischen Kriegsherrn, der 1928 von den Japanern umgebracht worden war. Da er aber überzeugt ist, daß der Kampf gegen die Japaner und die Rückeroberung der Mandschurei wichtiger sind als die Ausschaltung der kommunistischen Basis, läßt Chang Hsueh-liang in der Nacht vom 11. zum 12. Dezember seinen eigenen Chef, Chiang Kai-shek, festnehmen und schlägt ihm ein Achtpunkteprogramm vor, das hauptsächlich auf die Einstellung des Bürgerkriegs, die politische Freiheit und die Einheitsfront gegen die Japaner abzielt. Am 13. Dezember schickt Chang Hsueh-liang ein Flugzeug, das Chou En-lai in Yenan abholen soll. Aber in der Zwischenzeit ist ein Telegramm eingetroffen, das – wie es heißt – von Stalin selbst verfaßt wurde: Die Festnahme Chiangs soll »japanischen Agenten« in die Schuhe geschoben werden. Die nationale Front gegen die Japaner soll um jeden Preis aufrechterhalten werden, und in den Augen Stalins kann nur Chiang Kai-shek Garant dafür sein; er muß also freigelassen werden. Nach mehreren Gesprächen mit Chou fährt der Generalissimus Chiang Kai-shek wieder ab (seinen Offizier, der ihn verraten hatte, und der bis 1962 sein Gefangener bleiben sollte, nimmt er mit). Und trotz diverser anderer Verhandlungen (die noch heute im dunkeln liegen, da weder die kommunistischen noch die nationalistischen Historiker Licht in diese Begegnungen brachten) kommt die Einheitsfront sechs Monate später doch noch zustande, vor allem als Reaktion auf die in die Provinzen Chinas einfallende japanische Armee und die darauffolgenden Massaker, Bombardements und Terrormaßnahmen.
Vom »Zwischenfall von Sian« ist in der chinesischen Ikonographie ein Bild erhalten geblieben, das Mao und Chou En-lai Seite an Seite vor dem Rumpf eines Flugzeuges stehend zeigt. Chou trägt eine Fliegerkombination, und die Bildunterschriften dieses Fotos verkünden im wesentlichen: »Mao empfängt Chou auf dem Flugplatz von Yenan nach der Klärung des Zwischenfalls von Sian«. Tatsächlich aber ist dieses in den historischen Veröffentlichungen recht weit verbreitete Foto nur ein kleiner Ausschnitt einer viel größeren Aufnahme, die etwa fünfzehn Personen zeigt, die sich für den Fotografen um ein von Chang Hsueh-liang Chou zur Verfügung gestelltes Flugzeug aufgestellt haben. Und Mao ist nur einer unter mehreren führenden Personen, die Chou empfangen. Eine Ausschnittvergrößerung kann somit einen ganz anderen politischen Unterton annehmen.
Aber noch besser: Von derselben Aufnahme ausgehend, hat man noch eine andere Version des Ereignisses zusammengestellt. Chou En-lai steht alleine vor dem Flugzeug. An seiner Stellung und an den Einzelheiten seiner Kombination ist erkennbar, daß es sich exakt um dieselbe Figur handelt, die man aus dem ursprünglichen Foto ausgeschnitten, ihr den fehlenden Teil des linken Arms hinzugefügt und sie weiter nach vorne an den Flugzeugrumpf herangestellt hat, und zwar so, daß sie exakt den Piloten abdeckt, der sich an diesem Platz aufhielt. Je nachdem, ob die chinesischen Historiker den Akzent auf die Rolle Chou En-lais oder auf die Maos setzen wollen, benutzen sie die eine oder die andere Aufnahme. Beide Versionen kommen übrigens manchmal zusammen vor, und selbst die ursprüngliche Fassung ist gelegentlich noch in chinesischen Publikationen aufgetaucht!

1. Von links nach rechts: Ch'in Pang hsien (Po Ku), Chang Wen-t'ien, Mao, Chou, Peng Teh-huai, Lin Boqu und Yiao Chin-huang.
2. Luo Ruiqing, Lu Zhangcao, Wang Bingnan, *Zhou Enlai and the Xi'an incident, an eyewitness account,* Peking 1983.
3. Israël Epstein, *From opium war to liberation,* Peking 1956, Neuauflage Hongkong 1980. Auch in der Sondernummer zu Tschus Gedenken, *Minzu Huabao* Nr. 1, 1977. Siehe auch *Hauts lieux de la Révolution chinoise,* Peking 1985.

（590） 周恩来同志从西安回到延安时受到毛泽东等同志的欢迎。这是机场留影。左起：秦邦宪、张闻天、毛泽东、周恩来、彭德怀、林伯渠、肖劲光。

Eine Zigarettenkippe und ihr Schatten

Mit Chu Teh, dem Stabschef der Roten Armee, posiert Mao 1937 in Yenan für den Fotografen. Auf der Version dieser Aufnahme, die heute im Museum der Revolution in Peking und in den Geschichtsbüchern zu sehen ist, sind zwar exakt dieselben Personen zu sehen, aber ein Detail wurde verändert. Mao versteckt jetzt seine rechte Hand hinter dem Rücken. Der Grund: die Zigarette, die in den Augen der Zensoren nicht der Würde eines großen Mannes entspricht. Das einzige Indiz für diesen kleinen Trick ist der Schatten von Maos Hand, der auf dem Boden hinter ihm hervorschaut und den zu korrigieren der Retuscheur vergessen hat.

1. Yenan, 1937.
2. Militärmuseum der Revolution, Peking. In: *Minzu Huabao* Nr. 8, 1977. Und in: *Illustrierte Geschichte der Volksbefreiungsarmee*, Bd. 1, Peking 1980.

Im Dekor verschwunden

In Pao An in Nord-Shensi, unweit von Yenan, läßt Helen Forster Snow, Edgar Snows erste Frau, 1936 vier Führer der chinesischen Revolution posieren: Mao, Chou En-lai, Chu Teh und Po Ku. Po Ku gehörte zu der berühmten Gruppe der in Moskau ausgebildeten 28 Bolschewiken, die unter der Führung des Komintern-Delegierten Pavel Mig 1930 nach China zurückkehrten. Po Ku, ein Freund Wang Mings, folgte ihm als Generalsekretär der Partei von 1931 bis 1935 nach. Während der Konferenz von Tsunyi stellt er sich gegen Mao. In seiner Funktion als Präsident der Räteregierung im Nordwesten nimmt er an den Begegnungen und der Übereinkunft über die »Einheitsfront« mit Chiang Kai-shek nach der Gefangennahme des Generalissimus teil. Danach leitet er sowohl die Presseagentur Hsinhua als auch die Parteizeitung. Er stirbt im April 1946 bei einem Flugzeugabsturz. Mao hatte 1945 erklärt, die Politik Po Kus habe »mehr Kommunisten als Feinden das Leben gekostet«.
Die Fotos von Helen Snow erscheinen im Westen in ihren eigenen Büchern (unter dem Pseudonym Nym Wales verfaßt) wie auch in denen ihres Mannes. Die in der ganzen Welt verbreiteten Fotos der Snows werden seit 1949 in den chinesischen Geschichtsbüchern, Broschüren und Sondernummern von Zeitschriften abgedruckt. Sie bestücken die Museen in Peking oder Yenan. So zeigt dieses Foto, das man heute im Pekinger Militärmuseum sehen kann, Mao, Chu Teh und Chou En-lai. Aber an der Stelle, wo Maos einstiger Gegner Po Ku abgebildet war, sieht man nur noch den hölzernen Fensterrahmen eines der Häuser von Pao An. Po Ku hat sich im Dekor aufgelöst, und die dunkle Färbung seiner Uniformjacke, die von denen seiner Gefährten absticht, scheint sogar die Farbe des Bretts intensiviert zu haben.

1. Foto von Helen Forster Snow (Nym Wales). 1937 in Yenan aufgenommen.
2. Militärmuseum der Revolution, Peking, 1980. Außerdem in: *Histoire illustrée de la Chine moderne,* Peking 1980. Aber die vollständige Fassung taucht tendenziell wieder auf: vgl. *Hauts lieux de la Révolution chinoise,* Peking 1985.

Die richtige Rangordnung bei der Truppenbesichtigung

Oktober 1944. Auf dem Flughafen von Yenan besichtigen Mao und Chu Teh ihre Truppen. Als der Mao-Kult zweiundzwanzig Jahre später während der Kulturrevolution seinen Höhepunkt erreicht, greift man dieses Foto wieder auf und setzt Mao vollkommen von den anderen ab, indem man den Teil mit Chu Teh wegschneidet und die Person rechts weiter nach hinten versetzt. Um die Fläche, welche dieselbe zuvor ausgefüllt hat, nicht retuschieren zu müssen, und auch um der Komposition einen neuen Mittelpunkt zu verleihen, plaziert man Maos Gestalt an deren Stelle. Bei dieser Gelegenheit ließ man sein Gesicht überarbeiten und einige Details wie Hände, Taschen und Knöpfe der Uniformjacke besser zur Geltung kommen. Solcherlei Manipulationen gehören zu den subtilsten Elementen des Personenkultes: Sie verstärken die Allgegenwärtigkeit und die Größe des Helden, eliminieren die zweitrangigen Personen und konzentrieren den Blick auf die Hauptfigur. Bei weitem mehr als die Schrift, ist die Fotografie an der Herausbildung von Mythen beteiligt.

1. Wu Yinxian, *Na Ni Wan,* Ed. du peuple de Shaanxi, 1975.
2. Agentur Neues China, um 1965.

Die Volksrepublik wird ausgerufen

1. Oktober 1949. Auf der Rednerbühne des Tien An Men-Tors verkündet Mao feierlich die Gründung der Volksrepublik China. Die am 30. Juni 1947 ausgelöste kommunistische Offensive führte in weniger als zwei Jahren zur Eroberung des ganzen chinesischen Kontinents. Mao, seit 1945 Parteivorsitzender, wurde soeben zum Präsidenten der Republik ernannt; dieses Amt sollte er bis 1959 bekleiden. Auf der Rednerbühne sind alle historischen Führer um ihn herum versammelt. Jahre später, als der wahnwitzige Personenkult um Mao entsteht, isoliert man seine Gestalt, gerade so, als habe er an jenem Tage alleine auf der Rednerbühne gestanden, und das Foto wird sogar koloriert. Einzig Tschu En-lai, dem angesehensten Führer nach Mao, sollte das Recht auf gleiche Behandlung – nämlich Herauslösung und farbige Ausmalung – am Tag nach seinem Tode zuteil werden (1976).

1. Agentur Neues China.
2. *La Chine* Nr. 11, 1976.
3. *La Chine* Nr. 1, 1977.

Entwicklungsmalerei

Ein berühmtes Bild von Dong Xiwen, das im Museum der Revolution in Peking zu sehen ist, stellt den Gründungsakt der VR China dar. Hinter Mao steht die Schar der Parteiführer. Darunter sind Chou En-lai, Chu Teh und verschiedene andere, die sich damals mit auf der über dem Tor zum Himmlischen Frieden errichteten Rednertribüne befanden. Vielleicht waren auch Liu-Shao-ch'i und Soog Ch'ing-ling anwesend, obgleich sie auf den Pressefotos der Feierstunde nicht abgebildet sind. Als der chinesische Künstler seine Komposition malte, wahrscheinlich anläßlich des 10. Jahrestages der Proklamation, ist Soog Ch'ing-ling, die Witwe von Sun Yat-sen und von daher großes Ansehen genießend, gerade zur Vizepräsidentin der Volksrepublik ernannt worden. Liu Shao-ch'i seinerseits wird Mao Tse-tungs Nachfolger als Präsident der Republik. In seinem Gemälde plazierte Dong Xiwen also die beiden nach Mao wichtigsten Persönlichkeiten Chinas in die vorderste Reihe der Gruppe: Die eine verkörpert die Kontinuität des Werkes von Sun Yat-sen, die andere den Staat.
1968: Sturz Liu Shao-ch'is, eines der Hauptopfer der Kulturrevolution. Sein Bild verschwindet aus allen Veröffentlichungen und damit auch von den zahllosen farbigen Reproduktionen des Gemäldes von Dong Xiwen.
Juli 1981: Bei den Festlichkeiten zum 60. Jahrestag der Gründung der chinesischen KP erscheint Liu Shao-ch'i wieder auf den historischen Fotografien ganz in Maos Nähe. Auch auf den Reproduktionen des Gemäldes von Dong Xiwen ist er erneut zu sehen. Allerdings wurden verschiedene Einzelheiten verändert. Vor allem ist am äußersten rechten Ende der Gruppe eine neue Person aufgetaucht. An der steifen Haltung, dem eckigen Gesicht und der hohen Stirn kann man mit Leichtigkeit das Porträt von Maos Nachfolger Hua Guofeng erkennen. 1949 war er erst 28 Jahre alt und hatte an der Zeremonie gar nicht teilgenommen. Aber einmal an die Macht gekommen, will auch er in die Geschichte eingehen, wofür er durchaus bereit ist, sich ein wenig älter zu machen.

1. Agentur Neues China, um 1950–1955.
2. In: *La Chine* Nr. 7, 1981. Außerdem im Pekinger Revolutionsmuseum.

Die Rache der Frau Mao

1958 – die Zeit des »Großen Sprungs nach vorn«. Mao, Präsident der Republik, und P'eng Chen, Bürgermeister von Peking, gehen mit gutem Beispiel voran und lassen sich auf der Großbaustelle des Wasserspeichers bei den Ming-Gräbern vor den Toren Pekings fotografieren, die Schaufel in der Hand. P'eng Chen, der Liu Shao-ch'i nahestand, hatte bereits mehrmals die Gelegenheit wahrgenommen, die grotesken Übertreibungen des »Personenkultes« zu kritisieren und ins Lächerliche zu ziehen. Noch dazu macht er sich seit 1961 daran, eine Akte über den Fehlschlag des »Großen Sprungs nach vorn« und über die Irrtümer Maos anzulegen. Infolge einer Reihe von Intrigen, Schlichen und strategischen Streichen gelingt es Mao, das Gleichgewicht der politischen Kräfte umzukehren und die uneingeschränkte Herrschaft wiederzuerlangen. Das ist die »Kulturrevolution«, an der nach den Worten Simon Leys', »nichts revolutionäres bis auf den Namen und nichts kulturelles bis auf den taktischen Vorwand als Auslöser war«.
Eines ihrer ersten Opfer wird P'eng Chen im Frühjahr 1966. In jenem Jahr ist er zum Ziel heftiger Angriffe in der Parteipresse geworden. Man beschuldigt ihn, einen Staatsstreich gegen Mao angezettelt zu haben, und am 4. Dezember wird er auf Antrag von Mao Tse-tungs Ehefrau Chiang Ch'ing festgenommen. Am 18. Dezember wird P'eng im Stadion der Arbeiter von Peking bei einer Versammlung von 10 000 aufgebrachten Mitgliedern der Roten Garden, die von den Führern auf den Tribünen angefeuert werden, gemeinsam mit mehreren Mitangeklagten sechs Stunden lang zur Schau gestellt.
P'engs Ungnade läßt sich auf mancherlei Art interpretieren, je nachdem, ob man bei der Analyse der Kulturrevolution die politischen Motive (in Wirklichkeit heftige und gewöhnliche Fraktionskämpfe), die kulturellen Motive (das Theater als Vorwand für persönliche Abrechnungen) oder die Palast-Intrigen (die Rache Chiang Ch'ings) in Betracht zieht: P'eng Chen hatte Maos Frau mehrmals abgewiesen, als diese ihn darum gebeten hatte, Revolutionsopern auf der Bühne der berühmten Peking-Oper aufführen zu dürfen. Während eines Banketts, so berichtet Roxane Witke, eine Biographin Chiang Ch'ings, nimmt diese, ein Opern-

libretto in der Hand haltend, P'eng Chen zur Seite und bittet ihn, ihr das Pekinger Opernensemble anzuvertrauen, »um es persönlich zu reformieren«. P'eng Chen reißt ihr das Libretto wütend aus der Hand und wirft es weg, wobei er Chiang Ch'ing rät, »sich auf etwas gefaßt zu machen«, wenn sie nochmals eine solche Forderung an ihn herantrage. Die Ironie des Schicksals will es, daß P'eng Chen kaum ein Jahr nach dieser für Maos Frau erniedrigenden Szene selbst vor Chiang Ch'ings Füßen auf den Knien liegt, nämlich im Stadion von Peking.
P'eng Chen war nicht besser und nicht schlechter als so viele seiner Kampfgenossen (er war für eine ansehnliche Zahl von Liquidierungen und Standgerichtsverfahren während der Revolutionsjahre verantwortlich). Jedenfalls blieb von jener Aufbauszene, die Mao und P'eng bei den Erdarbeiten der künftigen großen Schleuse von Peking zusammen aufs Bild bringt, seit den Anfängen der Kulturrevolution nur eine überarbeitete Fassung erhalten. Mao ist fortan allein im Vordergrund, P'eng Chen hat sich in der Menschenmenge aufgelöst. Seine Hose und sogar ein Teil seiner Hemdfalten wurden wiederverwendet, um die Kleidung der hinter ihm stehenden Person (mit Mütze) zu vervollständigen. Man hat die Aufnahme leicht auf Mao hin zugeschnitten und, um die Komposition zu entlasten, Gesicht und Arm des Mannes am linken Bildrand wegretuschiert, in dessen Korb die beiden Staatsmänner ihre symbolische Schaufel voll Löß ausleerten. Eine weitere Einzelheit fällt auf: Das Militärschiffchen auf dem Kopf der Person, die direkt über Maos Kopf zu sehen ist, wurde in eine Schirmmütze umgewandelt. Möglicherweise handelte es sich da um ein Schiffchen der Sowjet-Armee; zwischen der ersten und der zweiten Fassung des Fotos hatten sich die Beziehungen zur Sowjetunion nämlich verschlechtert.

1. Agentur Neues China, 1958.
2. In: *La Chine* Nr. 11, 1976. Bildunterschrift: »Der Vorsitzende Mao beteiligt sich an der freiwilligen Arbeit auf der Baustelle zur Errichtung des Wasserspeichers der Dreizehn Ming-Gräber im Jahre 1958.«

Im Jeep

Im Sommer 1966 nimmt Mao den Aufmarsch der Roten Garden ab, die aus ganz China herbeigekommen sind und sich in Peking versammelt haben. Das Foto, das diese Begebenheit illustriert, erscheint Ende 1976, also unmittelbar nach Maos Tod, erneut in den Bildbänden und Zeitschriften-Sondernummern. Im Jahr darauf wird es nochmals verbreitet. Aber diesmal sitzt eine weitere Person im Jeep. Zwischen Ende des Jahres 1976 und Mitte 1977 wurde die »Viererbande« eliminiert und mehrere Opfer Chiang Ch'ings wurden rehabilitiert. So auch P'eng Chen, der einstige Bürgermeister von Peking, der nun wieder in die Öffentlichkeit und auch auf die Fotos zurückkehrt, von denen man ihn wegretuschiert hatte. Er nimmt also auf diesem Bild seinen Platz an Maos Seite wieder ein. Es handelt sich um einen seiner letzten öffentlichen Auftritte, bevor er 1966 in Ungnade fiel.

1. In: *Littérature chinoise* Nr. 11-12, 1976. Außerdem in: *La Chine* Nr. 11, 1976.
2. In: *La Chine,* und in: *Minzu Huabao* Nr. 8, 1977.

Eliminierung des »chinesischen Chruschtschow«

Liu Shao-ch'i, seit 1927 Mitglied des Zentralkomitees, war Maos Nachfolger als Präsident der Volksrepublik China. Er genießt einen guten Ruf als Theoretiker und steht auch der sowjetischen Regierung recht nahe. Aber in der Zeit der Kulturrevolution wird er wegen seines Pragmatismus heftig angegriffen. Im Laufe des Jahres 1968 wird er als »chinesischer Chruschtschow« denunziert, all seiner Ämter enthoben und ins Gefängnis geworfen, wo er gefoltert wird und im November 1969 gestorben sein soll. Nach Maos Tod und der Eliminierung der »Viererbande« sind Liu Shao-ch'is Name und seine Bilder wieder in die chinesischen Zeitungen und Bücher zurückgekehrt. Unter den unzähligen Aufnahmen, von denen Liu Shao-ch'i im Laufe der Kulturrevolution wegretuschiert wurde, läßt dieses hier eine ganz besonders absurde Retusche erkennen. Liu befindet sich im Mittelgrund, er ist verschwommen und völlig unkenntlich. Allenfalls diejenigen, die am selben Tag mit im Saal waren, mochten sich daran erinnern, daß er neben Mao saß. Aber die Herrschaft der Retusche muß ihre Allmacht rücksichtslos zur Geltung bringen, indem sie selbst informelle Fragmente ausradiert. Die Botschaft des Retuscheurs ist gnadenlos.

1. Yenan, April 1945. In: *La Chine* Nr. 7, 1981.
2. In: *La Chine* Nr. 1, 1977.

Das offizielle Porträt

Zwischen 1949 und 1976 gab es in China mehrere offizielle Porträts von Mao. Das letzte davon stammt aus den frühen sechziger Jahren. Sein glattes und frisches Gesicht ist unbewegt. Ein Kranz gebändigter Haare rahmt seine breite Stirn ein. Mit den Jahren variiert der Hintergrund – weiß, dunkelgrau oder schwarz –, je nach Publikation treten die Schatten mehr oder weniger hervor, und läßt eine leichte waagerechte Bildverzerrung Maos Gesicht schmaler oder aber breiter werden. Und doch handelt es sich stets um dasselbe Gesicht, dieselben Schatten, dieselbe Uniformjacke mit streng geschlossenem Kragen und rundem Knopf, der an vier Löchern mit grauem Faden angenäht und farblich auf die Jacke abgestimmt wurde. Gewiß ging man von einer Fotografie aus, die man jedoch allmählich nachkolorierte, vergrößerte und von Hand oder mechanisch reproduzierte, häufig sogar farbig ausmalte und auf das Format überdimensionaler Plakate aufzog. Ein letzter deutlicher Hinweis auf diese unaufhörlichen Retuschen: Auf dem Ende 1976, also kurz nach Maos Tod veröffentlichten Porträt – weißer Hintergrund, schmales Gesicht – hat man die weiße Paspel des Hemdkragens begradigt, deren eine Seite auf den vorherigen Fassungen leicht verschoben wirkte. Durch diese winzige Detailkorrektur erreicht die unermüdlich nachgebildete und verbesserte Ikone des alten Diktators, der man liebevoll den letzten Schliff gegeben hatte, beim Tod ihres Modells endgültig ihre symmetrische, vollkommene und sozusagen göttliche Form.

1. Titelbild der *Ecrits militaires de Mao Tsé-toung*, Peking 1964.
2. Titel von *Minzu Huabao* Nr. 11, 1976.

»Der engste Waffengefährte«

Von den zahlreichen, während der Kulturrevolution verbreiteten Fotomontagen stellen etliche »Mao und Lin Piao in Yenan« dar. In Wahrheit gibt es überhaupt kein Foto aus dieser Zeit, das die beiden Männer Seite an Seite zeigt. Sie sind lediglich auf einigen Gruppenaufnahmen abgebildet und auch dort meist nur mit einigem Abstand voneinander.
Seit 1959 war Lin Piao Kriegsminister. Im Zuge der Kulturrevolution verwandelte er die Armee in eine politische Waffe im Dienste Maos. Nachdem es ihm gelungen war, seinen Hauptrivalen P'eng Tehhuai auszuschalten, wird er »der engste Waffengefährte und Nachfolger des Vorsitzenden Mao«. Dann werden Dokumente angefertigt, die nachweisen, daß Freundschaft und vertrauter Kontakt bis in die Zeit der Kämpfe gegen die Japaner zurückreichten.
Auf dieser Montage wurde Maos Gestalt einem 1936 in Pao An aufgenommenen Foto entliehen, und die Lin Piaos stammt wohl von einer Aufnahme aus der gleichen Serie her, auf der dieser mit seinen Stabsoffizieren zu sehen ist. Ein neutraler Hintergrund aus Laubwerk, der auf den verschiedenen Versionen seine Gestalt ändert, umrahmt die Zusammenstellung.
Mit Beginn der Kulturrevolution zeigt jedes offizielle Foto Maos auch Lin Piao. So ist Lin Piao beim Empfang Edgar Snows an Maos Seite und schwenkt das kleine rote Buch. Aber im selben Jahr gerät Lin Piao im Zentralkomitee in die Minderheit (1970). Im September 1971 verschwindet er unter mysteriösen Umständen: Sein Flugzeug soll abgeschossen worden oder abgestürzt sein, während er, der offiziellen Version zufolge, versucht habe, in die Sowjetunion zu fliehen. Sogleich wird sein Bild, das im August 1971 noch in den Zeitungen und Zeitschriften zu sehen war, überall entfernt, und die Fotos erscheinen dann retuschiert oder als Ausschnittsvergrößerung wieder; so auch jenes vom Zusammentreffen von Mao und Edgar Snow.

1. 1936 von Helen Forster Snow in Pao An aufgenommenes Foto, erstmals veröffentlicht in *Red Star over China*, op.cit.
2. Agentur Neues China, um 1966/1968.
3. Agentur Neues China, um 1968/1970.
4. In: *La Chine* Nr. 7-8, 1971.
5. *Histoire illustrée de la Chine moderne*, Peking 1980.

»Die Viererbande«

Mao starb am 9. September 1976. Am 18. September gedenkt die chinesische Führungsspitze seiner in dreiminütigem Schweigen auf dem Tien An Men-Platz vor einer ungeheuren Menschenmenge. Das in der nationalen wie internationalen Presse erscheinende Foto zeigt etwa 20 Persönlichkeiten, die sich in einer Reihe aufgestellt haben. Einige Tage nach der Zeremonie geraten die extremen Maoisten gegenüber den Angehörigen Hua Guofengs, des neuen Herrn über China, in die Minderheit. Maos Witwe Chiang Ch'ing und drei weitere Mitglieder der zur »Viererbande« erklärten »Gruppe von Shanghai«, Yao Wen-yuan, Chang Chunchiao und Wang Hong-wen, werden nunmehr zu verhaßten Feinden der neuen Macht und zum Symbol aller Verirrungen und Komplotte.
Im November 1976 entdecken die Chinesen und die ausländischen Beobachter dann auch, daß die Gesichter der Angehörigen der »Viererbande« von den offiziellen Fotografien wegretuschiert wurden. Was nun aber dieses Foto angeht, so machte man sich, anders als sonst, nicht einmal die Mühe, die Gestalten der Parteiführer enger zusammenzurücken. Die Deckfarbe, die die vier Gestalten im eintönigen Hintergrund versinken läßt, will diesen Trick gar nicht verschleiern. Im Gegenteil, sie läßt ihre Plätze leer... (in der Bildunterschrift liest man an Stelle ihrer Namen XXX!). Eine frappierende Art, die neue Regierung zu legitimieren, ihre Stärke und Arroganz offenzulegen und ihre absolute Herrschaft über die Bilder herauszustellen.

1. *Peking Information* Nr. 38, 20. September 1976.
2. *La Chine* Nr. 11, 1976. Zwei weitere Fotos von der Beisetzung sind retuschiert.

继承毛主席的遗志把无产阶级革命事业进行到底!

继承毛主席的遗志把无产阶级革命事业进行到底!

Im Kreise seiner Freunde

»Der Vorsitzende Mao im Kreise seiner Freunde aus Asien, Afrika und Lateinamerika im Jahre 1959«. Dieses von Heou Po signierte Foto, das zwischen 1959 und 1976 mehrmals veröffentlicht wurde, zeigt eine fröhliche kosmopolitische Schar um einen strahlenden Mao herum. Selbst wenn diese »Dritte-Welt-Fröhlichkeit« ein wenig gezwungen aussieht, so wirkt das Foto auf den ersten Blick recht harmlos. Tausende

von führenden afrikanischen und lateinamerikanischen Persönlichkeiten – Minister, Vertreter von Parteien und Gewerkschaften, Intellektuelle und Studenten – geben sich in Peking ein Stelldichein und werden zu prunkvollen Empfängen, großen Banketts und touristischen Rundreisen eingeladen. Das Erinnerungsfoto mit dem Vorsitzenden gehört in jenen Jahren zu den rituellen Etappen dieser Marathonläufe, ebenso der Besuch der Stahlhütten von An Shan, der modellhaften Landwirtschaftsbrigade von Tatchai oder des Kanals »Rote Fahne«. Mao stirbt am 9. September 1976. In der einige Wochen später erscheinenden englischen Ausgabe der Sondernummer der Zeitschrift *China* wählt man aus zweifellos Hunderten von Fotos dieses eine aus, um jene Ära zu illustrieren. Einige Tage später erscheint die französische Ausgabe derselben Zeitschrift. Inzwischen wurde die »Viererbande« ausgeschaltet, und verschiedene Fotos dieser Sondernummer bekamen ein neues Aussehen. Aber auch dieses Bild, das offensichtlich keinen Bezug zur »Viererbande« hat, wurde auf merkwürdige Art überarbeitet. Man machte einen Ausschnitt, eliminierte damit auf einen Schlag elf Leute und veränderte einige winzige Details. Wir kennen nicht den Grund der Eingriffe. Wir können auch nicht sagen, ob über das zeitliche Zusammentreffen hinaus eine Verbindung zur Aufdeckung der »Viererbande« oder aber zu anderen historischen Vorgängen bestand, die womöglich einen Schatten auf das Andenken des Vorsitzenden geworfen hätten. Sicherlich mag es ein Netz geheimer Anspielungen geben, die beim Erscheinen des Fotos ihre Empfänger gefunden haben müßten; aber auch ›ästhetisch‹ motivierte Manipulationen sind nicht auszuschließen.

1. Foto von Heou Po. Die größere Erstfassung ist abgebildet in *Photo de Chine*, Peking 1963. Ein zweiter Ausschnitt (hier abgebildet) in *China* Nr. 11, 1976.
2. *Minzu Huabao* Nr. 11, 1976; *La Chine* Nr. 11, 1976.

Ritt des Vergessens

Wie es heißt, hatte Maos Frau es selbst in die Hand genommen, das eine oder andere historische Foto verschwinden zu lassen. Eine der ersten Handlungen der neuen Macht aber bestand darin, sie nun ihrerseits wegzuretuschieren. Das war der Fall bei diesem weithin bekannten Foto: 1947 reitet Mao inmitten einer kleinen Truppe versprengter und unberittener Kämpfer auf seinem weißen Schimmel durch Nord-Shensi. Hinter ihm erkennt man die schlanke Gestalt seiner Frau Chiang Ch'ing, auch sie zu Pferde. Im November 1976, kaum einige Tage nach dem Tod des Diktators und dem Fall der »Viererbande«, erscheint dieses Foto mit einer leichten Retusche: Man ließ Chiang Ch'ing in den Bergen des Hintergrundes verschwinden. Maos kleiner Schimmel ist mit Stroh ausgestopft in einer Glasvitrine des Museums von Yenan zu besichtigen, wo auch dieses retuschierte Foto hängt, das im heutigen China den Revolutionskrieg symbolisiert. Übrigens wird es hier und da fälschlicherweise auf 12 Jahre früher datiert, und zwar mit der Bildunterschrift: »Mao auf dem Langen Marsch«.

1. Unbekannter Autor. Museum Yenan. Zahlreiche Veröffentlichungen.
2. In: *Minzu Huabao* Nr. 11, 1976; *Littérature chinoise* Nr. 11-12, 1976, und *Histoire illustrée de la Chine moderne*, op.cit.

Vom Umsturz zum »Prager Frühling«

Februar 1948. Von einer politischen Krise begünstigt, ergreift die kommunistische Partei der Tschechoslowakei die Macht und löst damit den »Kalten Krieg« aus. Binnen weniger Tage werden die anderen Parteien, tschechische wie slowakische, von der Regierung ausgeschlossen und bald darauf verboten. Die Grenzen werden geschlossen. Unter der Führung Klement Gottwalds wird aus der Tschechoslowakei eine in den Ostblock eingebundene Volksdemokratie. Die Zeitungen werden gleichgeschaltet, die Zensur eingeführt. Tausende von Oppositionellen kommen ins Gefängnis. Bald beginnen Prozeßwellen, und die Lager öffnen ihre Tore. Zuerst schaltet man die politische Opposition aus, dann den Klerus; die Armee wird gesäubert. Aber sehr bald sucht man auch in den Reihen der Regierung und der kommunistischen Partei nach »Verrätern«, »Titoisten«, »amerikanischen Agenten« oder »Zionisten«. Schließlich nimmt man sich einige ausgewählte Personen vor. Diese werden gefoltert, in endlosen Prozessen vor fanatischen Menschenmengen zur Schau gestellt und zu zweifelhaften Geständnissen gezwungen. Die meisten Opfer jener makraben Inszenierungen werden zum Tode verurteilt. Sogleich verschwinden ihre Bilder von den historischen Fotografien, wohingegen diejenigen Gottwalds und der ihm nahestehenden führenden Persönlichkeiten retuschiert, nachgemalt, ausgebessert und von störender Nachbarschaft befreit werden.
1968. Mit dem »Prager Frühling« erfolgt eine Liberalisierungswelle ohnegleichen in der Geschichte der Volksdemokratien. Doch durch den Einmarsch russischer Panzer in tschechisches Gebiet wird die »Ordnung« wiederhergestellt: In den folgenden Monaten wird die »Normalisierung« in allen Bereichen vollzogen, auch bei den fotografischen Bildern. Als die Presse in den lebhaften Wochen des »Prager Frühlings« eine relativ große Freiheit genoß, bestand eine der ernsten Handlungen der tschechischen Journalisten nämlich darin, eine große Anzahl bekannter Aufnahmen in retuschierter wie in ursprünglicher Fassung nebeneinander zu veröffentlichen. Bestürzt mußten die Tschechen die Fälschung ihrer eigenen Geschichte entdecken.

Unerbittliche Verfolgung Clementis'

Prag, Altstadtplatz, 21. Februar 1948. Die politische Krise ist ausgebrochen: Am Tag nach der Abdankung der elf nichtkommunistischen Minister ruft Premierminister Klement Gottwald zur Bildung von Aktionskomitees auf. Die ehemaligen Minister hofften durch ihren Rücktritt vorgezogene Wahlen auszulösen. Aber Gottwald und die Kommunistische Partei profitieren von dieser Lage. Dank einer schon seit Monaten vollzogenen Unterwanderung der Polizei haben sie Prag vollkommen in der Hand und mobilisieren nun das Land, kontrollieren die Presse und schalten jegliche Opposition aus. Nach vier von gewaltigen Demonstrationen begleiteten Tagen haben sie die Macht übernommen. Am 25. Februar wird eine neue Regierung ernannt, die sich gänzlich aus Kommunisten und ihnen Nahestehenden zusammensetzt. Als einziger Nicht-Kommunist behält Jan Masaryk sein Amt als Außenminister: Er ist der Sohn von Thomas G. Masaryk, dem Begründer der tschechoslowakischen Unabhängigkeit und ersten Präsidenten der Republik. Masaryk hat manchmal sehr heftige Auseinandersetzungen mit seinen Kollegen von der Regierung. Im Laufe der folgenden Wochen gerät er immer mehr in Bestürzung ob der Dinge, die sich um ihn herum ereignen. Am 10. März wird er tot auf dem Pflaster vor dem Černin-Palast aufgefunden. Handelt es sich um einen symbolischen Selbstmord, der an den berühmten Prager Fenstersturz (1618) erinnern soll, oder um eine kriminelle Handlung? Die Wahrheit konnte nie ganz herausgefunden werden. Masaryk war nur der erste in einer langen Reihe von Selbstmördern oder Hingerichteten. Den gigantischen Säuberungen des Jahres 1948 (Ausschaltung der »bürgerlichen« Parteien) sollten weitere Schläge und Schauprozesse folgen. Auf den Fotos des historischen Aufrufs vom 21. Februar stand Wladimir Clementis (der Mann mit Hut, von den Mikrofonen halb verdeckt/1) neben Gottwald. Der slowenische Intellektuelle Clementis war Mitglied des Zentralkomitees der KPČ, Staatssekretär im Auswärtigen Amt der vorigen Regierung, und übernimmt das Amt des Außenministers im neuen Kabinett. Im Februar 1952 wird er im Rahmen der Slánsky-Affäre wegen »geheimer Verbindungen zum Feind« angeklagt, zum Tode verurteilt und am 3. Dezember 1952 mit elf weiteren Angeklagten gehängt. Nun wird Clementis aus den Fotos entfernt. Ein im Hintergrund stehender Fotograf wird wegretuschiert, und man plaziert die Mikrofone in Gottwalds Nähe, um damit Clementis' Gesicht abzudecken (3); auf einem aus einem anderen Blickwinkel aufgenommenen Foto bleibt nur Gottwalds Gestalt übrig (4); oder man wendet nochmals die Perspektive und macht das Gesicht von Gottwalds Nachbarn unkenntlich, indem man es in grauem Dunst (2) versinken läßt.

1. In der tschechischen Presse; außerdem in: Walter Storm. *The Crisis,* Prag 1948. Sehr ähnliche Fassung in der Broschüre *Les événements de février 1948,* Prag, Mai 1948.
2. Vaclav Husa, *Dejiny Československá,* Prag 1961.
3. Retuschierte Version von 1953. Klement-Gottwald-Museum, Prag.
4. Karel Král, *Die Tschechoslowakei – Land der Arbeit und des Friedens,* Prag 1953. Dasselbe Foto in: Jaroslav Dvořáček und Antonín Novák, *Ten years of the New Czechoslovakia,* Prag 1955. Außerdem im Gottwald-Museum in Prag.

Von der Rednerbühne verschwunden

Eine Rednerbühne in Prag, 25. Februar 1948. Mehrere führende Persönlichkeiten, die Gottwald nahestehen, halten der Reihe nach Reden an die auf dem Wenzels-Platz versammelten Menschen. Unter den Rednern sind, von links nach rechts, V. Kopecký (er wird noch am selben Tag Informationsminister), J. Krosnař (Vorsitzender der Prager Parteiorganisation) und Z. Nejedlý (Erziehungsminister, der sogleich die Universität säubert). Vier Jahre später bringt das Informationsministerium eine Fassung dieses Fotos heraus, die dem Schicksal der verschiedenen Teilnehmer entspricht. Mit Hilfe einer Ausschnittvergrößerung werden die fünf Hüte im Vordergrund eliminiert. Im Zeltdach des Hintergrundes läßt man nicht nur mehrere, teilweise erkennbare Köpfe verschwinden, sondern auch zwei ganz abgebildete Gesichter, darunter das von Marie Švermová, die sich zwischen Krosnař und Nejedlý befand. Sie war Abgeordnete von Prag und Witwe eines im Widerstand umgekommenen führenden Kommunisten. Knapp drei Jahre später sollte sie verhaftet und beschuldigt werden, sich an einem »Komplott« gegen Gottwald beteiligt zu haben. Nachdem sie inhaftiert und gefoltert wurde, wird sie 1956 freigelassen und 1963 rehabilitiert. Nach den Ereignissen von 1968 wird sie allerdings erneut aus der Partei ausgeschlossen.
Auf einem anderen, während derselben Kundgebung entstandenen Foto sieht man nur Nejedlý, von der Seite aufgenommen, vor dem Mikrofon stehen. Dem Fotografen gegenüber befindet sich ein Offizier. Möglicherweise ist es General Boček, Stabschef von Verteidigungsminister Svoboda. Boček steht den Kommunisten recht nahe und bleibt ihnen während des ganzen Umsturzes treu. Allerdings wird er kurz darauf aus dem Dienst entfernt und verhaftet; er stirbt im Gefängnis. Zahlreiche andere Führungskräfte der Armee werden nach Schauprozessen, die sich von 1948 bis 1952 erstrecken, ebenfalls hingerichtet und wie Boček von den wichtigsten historischen Fotografien wegretuschiert. So zeigt die überarbeitete Fassung dieses Fotos Nejedlý allein auf der Bühne. Den Offizier mit seinem Mantel, der Mütze, den Knöpfen und den Lederhandschuhen ließ man in den Falten der Roten Fahne verschwinden.

1. und 3. Tschechische Presse, Februar 1948.
2. und 4. Die retuschierten Fassungen befinden sich im K.-Gottwald-Museum in Prag.

Die Rückkehr des Sozialdemokraten

Eine banal erscheinende Presseaufnahme vom Mai 1945 zeigt die Rückkehr einer Gruppe nach Prag, die aus Košice in der Slowakei kommt, damals sowjetisch besetzte Zone, wo sich die tschechische Exilregierung aufhielt. Die Bildmitte nimmt Zdeněk Fierlinger ein, bis dahin Botschafter in der UdSSR. Einige Personen und unpassende Details wie die Mütze eines Soldaten über Fierlingers Kopf werden wegretuschiert.
Fierlinger war Vorsitzender der sozialdemokratischen Partei, stand aber im Ruf eines Kommunisten. Von 1945 bis 1946 war er Vorsitzender des Ministerrates. Auf ihn geht in erster Linie die Auflösung der sozialdemokratischen Partei wie deren Verschmelzung mit der KPČ zurück. Sein Doppelspiel brachte ihm nicht nur ein, daß er bis 1964 als Inhaber bedeutender Ämter überlebte, sondern daß er auch fotografisch als einziger der unerbittlichen grauen Deckfarbe widerstand, in der so viele andere Gestalten der tschechischen Geschichte versanken.

1. 1968 von tschechischen Zeitungen veröffentlicht.
2. In: Zdeněk Fierlinger, Od Mnichova po Košice (Von München bis Košice) Prag 1946.

Gottwalds Unterschrift

Diese Szene wurde am 27. Juli 1948 aufgenommen. Einen Monat vorher hatte Präsident Edvard Beneš, der die von den Kommunisten vorgeschlagene neue Verfassung nicht billigte, abgedankt (er sollte kaum drei Monate später sterben). Unverzüglich wurde er durch Klement Gottwald ersetzt, der seit dem »Prager Umsturz« den Vorsitz des Ministerrates innehatte. Das Foto zeigt Gottwald, wie er im Beisein des Vorsitzenden des Zentralrats der Genossenschaften A. Zmerhal (links) und des Verantwortlichen für den Zweijahresplan, E. Utrata (links, mit Brille), das Genossenschaftsgesetz unterzeichnet. Um Gottwald herum befanden sich sechs Männer, von denen die Zensur nur zwei stehen ließ. In diesem Fall wurde anscheinend nur aus protokollarischen Gründen retuschiert. Das Foto war sicherlich zu überladen und verlieh so der Zeremonie keine ausreichend feierliche Atmosphäre. Also wurden diejenigen, die nicht unbedingt notwendig waren, mit Deckfarbe übermalt. Dennoch hat dieses Foto etwas in die Zukunft Weisendes an sich, denn Dr. E. Utrata sollte später im Zuge der Prozeß- und Exekutionswelle von 1952 ausgeschaltet werden.
Der mit der Retusche dieses Fotos beauftragte Künstler rekonstruierte den Hintergrund, den die vier Männer überschatteten: die Vergoldungen des Saals, die Wandleuchten, das polierte runde Mahagonitischchen samt Spiegel mit zugehörigem Rokokorahmen, ja sogar die rätselhafte Tiefe seiner Spiegelungen.

1. Das Original wurde 1968 von tschechischen Zeitungen veröffentlicht.
2. Die retuschierte Fassung befindet sich im K.-Gottwald-Museum in Prag und in den Archiven des Instituts für Marxismus-Leninismus.

Roter Teppich auf dem Bahnsteig

Säuberungen und Hinrichtungen ohne Gerichtsverfahren nehmen nur wenige Tage nach dem Prager Umsturz in der Tschechoslowakei ihren Lauf. Aber im Mai werden spektakulärere Prozesse eröffnet. Auffallende Titel in den Zeitungen verkünden: »Vaterlandsverräter verurteilt«, »Riesige Spionageaffäre in der Slowakei«, »Terroristengruppe hinter Schloß und Riegel«, »Sie wollten Krieg, damit die Kapitalisten unser Land erneut ausbeuten können«, »Sie hatten sich dem westlichen Imperialismus verkauft und wollten die Republik zerstören«, »Das Volk verurteilt den Hochverrat« usw.
Tausende werden verhaftet, Hunderte von Prozessen geplant. Die Gefängnisse quellen über. Hinrichtungen über Hinrichtungen. Unter den ersten Eliminierten sind die Offiziere, die gegen die Nazis gekämpft hatten, wie Oberst Zingor oder General Pika. De facto eliminiert das neue kommunistische Regime innerhalb weniger Monate fast die gesamte Armeeführung, die eines Tages der Diktatur hätte Widerstand leisten können.
Davon zeugt ein Foto neben vielen anderen. Es wurde 1948 während einer Rundreise Klement Gottwalds durch die Slowakei aufgenommen. Der Premierminister ist gerade aus dem Zug ausgestiegen und steht auf dem eigens zu diesem Zweck ausgerollten Teppich. Hinter ihm befinden sich verschiedene Persönlichkeiten, darunter Parlamentspräsident Otto John (rechts), aber möglicherweise auch einer jener hohen Offiziere, die noch im Laufe des Jahres in den Augen des Regimes so schnell in Verdacht gerieten. Die Zensur läßt den ganzen störenden Hintergrund verschwinden und verleiht Gottwald die sakrale Einsamkeit der Macht.

1. Originalfassung, 1968 von tschechischen Journalisten aufgenommen.
2. K.-Gottwald-Museum, Prag. Außerdem Agentur CTK.

Empfang im Černín-Palast

Dieses Foto entstand in Prag während des Empfangs einer sowjetischen Delegation, angeführt von Marschall Bulganin, damals Verteidigungsminister der Sowjetunion. In Begleitung seiner stattlichen Gemahlin betritt Präsident Klement Gottwald einen Saal. Der Marschall folgt hinter ihm. Aber ein sowjetischer Minister und Marschall kann auf gar keinen Fall im Mittelgrund erscheinen, nicht einmal in der Presse eines Satellitenstaates. Also läßt man ihn lieber hinter dem schwarzen Vorhang eines neu gemalten Hintergrundes verschwinden. Das Foto erscheint nun als Ausschnittvergrößerung und dazu um eine Person erleichtert, die, am Rand des neuen Bildes stehend, Gefahr gelaufen wäre, durch ihre Nähe zu Frau Gottwald die Isolierung der Personen zu verderben.

1. Originalfassung, 1968.
2. K.-Gottwald-Museum, Prag. CTK.

Parade und Protokoll

1951 empfängt Klement Gottwald in Prag den sowjetischen Marschall Koniew, den Sieger vom Dnjepr. Bei einer Militärparade zeigen sich beide auf der Tribüne. Aber der Marschall ließ beim militärischen Gruß nachlässig einen kleinen Finger abstehen! Deshalb lassen die Retuscheure seine Hand und seinen Unterarm verschwinden und sind logischerweise auch verpflichtet, Gottwalds Hand und Arm wegzuretuschieren. Dabei nutzt man die Gelegenheit, um Koniews Auge etwas weiter zu öffnen, das der Schnappschuß in einem unglücklichen Moment festgehalten hatte. Und so erscheint dieses Bild mit nicht erkennbaren Retuschen in der Presse – ein Bild, das um so unwiderlegbarer, da völlig banal.

1. Originalfassung, 1968.
2. CTK und TASS, 1951.

Der Prager Frühling

Prag, 30. März 1968. Eine offizielle Feierstunde vor dem Veitsdom auf dem Hradschin. Josef Smrkovský, der bald Vorsitzender der Nationalversammlung werden sollte, Alexander Dubček, seit dem 5. Januar Generalsekretär der kommunistischen Partei, und Ludvík Svoboda, der am selben Tag zum Präsidenten der Republik ernannt wurde, stehen nebeneinander in einer Reihe. Diese drei Personen sind innerhalb weniger Wochen zu den populärsten Politikern der Tschechoslowakei aufgestiegen: Sie stehen für die liberalen Strömungen, die vor kurzem Antonín Novotný stürzten. Novotný wurde 1953 Gottwalds Nachfolger an der Parteispitze und übernahm nach Zápotocký auch die Präsidentschaft der Republik. Als einer der unnachgiebigsten Politiker des Ostblocks begegnete er 1967 den Studenten mit schweren Repressalien, attackierte die tschechischen Schriftsteller und widersetzte sich jeglicher Wirtschaftsreform.
Durch ihn kam erstmals in einem Ostblockstaat die Macht von selbst zu Fall. Unter Dubček erfolgt nun eine Art Rückkehr zur Demokratie. Gewissensfreiheit, Versammlungsfreiheit, Vereinigungsfreiheit und Freizügigkeit, Streikrecht und Unabhängigkeit der Justiz werden von der neuen Regierung garantiert. Dieser »Prager Frühling« wird von einer außergewöhnlichen politischen Kreativität und einem starken intellektuellen Brodeln begleitet: in Zeitungen, Zeitschriften, Diskussionen in der Öffentlichkeit wie im Rundfunk. Im Gegenzug kommt es zu heftigen Attacken seitens der Sowjetpresse, die das neue Regime bezichtigt, den »Feinden des Sozialismus« in die Hände zu spielen. In den Monaten Mai und Juni wird die Lage gespannter. Im Juli drohen Leonid Breschnjew und die »Bruderparteien«. Am 23. Juli werden sowjetische Reservisten einberufen, und die Angriffe in der sowjetischen Presse verdoppeln sich. Am 20. August überschreiten Panzerkolonnen die Grenze. Im Morgengrauen des 21. August nehmen Fallschirmspringer Dubček, Smrkovský und Černík gefangen und bringen sie im Flugzeug an einen geheimen Ort in der Sowjetunion, während Svoboda auf dem Hradschin unter Aufsicht gestellt wird. Unverzüglich handelt Svoboda die Befreiung Dubčeks aus, und am 26. August folgt die Übereinkunft in Moskau, die die »Normalisierung« einleitet, d.h. die Wiederherstellung der sozialistischen Ordnung unter sowjetischer Besatzung. Tausende verlassen das Land, Tausende von Beamten werden kaltgestellt. Viele werden verfolgt und inhaftiert. 500 000 Mitglieder werden aus der Partei ausgeschlossen! Die Zensur wird wieder eingeführt. Die populärsten Führer werden von Gustáv Husák ausgeschaltet, dem Mann, der ein Jahr zuvor noch dem »Prager Frühling« seine Reverenz erwies, und der nun zum obersten »Normalisierer« der Tschechoslowakei werden sollte. Dubček wird vom Parteipräsidium und vom Parlament ausgeschlossen und als Botschafter in die Türkei entsandt. Aber selbst auf diesem Posten steht er noch zu sehr im Blickpunkt. Er wird zurückgerufen und in die Provinz abgeschoben, wo man ihm Hilfsarbeiten auferlegt (Chauffeur, Gärtner...).
Die Normalisierung ließ es sich nicht nehmen, auch auf die Bilder einzuwirken. So läßt die neue Zensur seit 1969 von dieser Zusammenkunft der drei Prager Männer im Frühjahr 1968 nur eine geschickt umgearbeitete Fassung bestehen. Dubček ist verschwunden. Svoboda ist dafür näher an Smrkovský herangerückt. Dazu war ein äußerst sorgfältiger, zwischen den Gebäuden anzulegender Schnitt erforderlich, und die beiden Teile des Fotos mußten ineinandergleiten wie Praktikabeln auf dem Theater. Das Haus hinten im Bild verdeckt jetzt ein Stück von der Fassade des Veitsdoms, wobei sich die Perspektive nur leicht verschiebt (dennoch bemerkt man, daß der Plattenbelag des Platzes nicht mehr stimmig ist und daß Smrkovský jetzt weit hinter Svoboda steht). Und Dubček verschwindet nun hinter Svoboda in dieser geheimen Falte, in dieser Fallgrube der Geschichte, die durch einen geschickten Schnitt mit der Schere des Fälschers bewerkstelligt wurde. Allein die Spitze seines rechten Schuhs ist an der Schnittkante vergessen worden.

1. Tschechische Presse, erste Aprilwoche 1968.
2. Die retuschierte Fassung wurde ab Herbst 1969 verbreitet. CTK.

Lebensläufe und Schlachten in Asien

Weit mehr als nur eine große Schlacht, ist Dien Bien Phu ein politisches Datum in der Geschichte der Beziehungen zwischen den Kolonialmächten und den Ländern der Dritten Welt. Mit der Errichtung einer Volksdemokratie in Nordvietnam ging die Vereinnahmung aller Informationen durch die Partei einher. Aber man wartete nicht einmal ab, bis die Kontrolle über Texte und Bilder überall hergestellt war, und noch mitten im Kriege, am Tag nach Dien Bien Phu, fabrizieren Fotografen und Filmleute die Bilder der legendären Schlacht.
Dieselben Modelle der Foto-Manipulation finden sich auch im Laufe des zweiten Vietnam-Kriegs wieder, wo Amerikaner und Nord-Vietnamesen in Sachen Propaganda rivalisieren, und in den Taktiken anderer Länder, die sich im Krieg befinden, wie Kambodscha, wo die Roten Khmer mit gewaltigen Massakern ihre totalitäre Herrschaft besiegeln.
Die Retusche und das Fabrizieren von Fotos erhalten im Nordkorea des Kim Il Sung den Stellenwert einer staatlichen Institution. Die Produktion der Texte und Bilder zum Ruhme des Staatschefs, eines wahrhaft lebenden Gottes, übersteigen noch die ärgsten Auswüchse des Stalin- oder Mao-Kultes.

**Dien Bien Phu:
Komparsen für die Schlacht**

Frühjahr 1954 – die Schlacht von Dien Bien Phu. Der Indochina-Krieg dauert seit 1946. Den französischen Truppen stehen Partisanenheere gegenüber. Trotz der Wiedereroberung durch General De Lattre und später General Salan, die die Offensiven des Vietminh eine Zeitlang aufhalten, geht der Krieg weiter. General Navarre, der Nachfolger Salans, beschließt im November 1953, in Dien Bien Phu im oberen Tonking ein riesiges befestigtes Lager zu errichten. General Giap mobilisiert Zehntausende von Lastträgern, die nachts auf Fahrrädern das Material hinbringen. Und es gelingt ihm, mit Hilfe von 35 000 Männern und schwerer Artillerie das befestigte Lager einzukreisen. Der plötzliche Angriff beginnt am 13. März 1954. Nach 57 Tagen des Widerstandes ist das französische Lager eingenommen. Dieser Sieg Giaps war nicht absolut entscheidend, hatte aber eine ungeheure psychologische Wirkung sowohl in Frankreich, wo er einen Regierungssturz auslöste und die Friedensverhandlungen beschleunigte, als auch in Vietnam, wo er zum Symbol aller Befreiungskämpfe wurde.
Von dieser historischen Schlacht und der Übergabe am 8. Mai haben die Vietnamesen viele Fotos verbreitet. Fast immer handelt es sich um Rekonstruktionen. Ob sie die Materialtransporte (3) oder die Angriffe von Vietminh-Soldaten (4) zeigen, die sämtlich bei Tageslicht aufgenommen wurden, wo sich doch all diese Operationen bei Nacht abspielten, oder ob sie nun vorgeben, den endgültigen Sturm auf die französische Gefechtsstellung darzustellen (Soldaten spielen die Toten, auch Rauchbomben sorgen für Kriegsstimmung/5) – diese Szenen wurden durchweg nach der Schlacht gefilmt und fotografiert. So wurde auch ein Foto mit der Legende »General de Castries ergibt sich mit seinem ganzen Stab« in Wirklichkeit Tage danach aufgenommen, als die Offiziere schon in Gefangenschaft waren. Das Foto, welches eine Kolonne französischer Kriegsgefangener zeigt (»Alle Überlebenden der Garnison haben sich ergeben«), ist während einer Rekonstruktion am 14. Mai entstanden (2). Eigens war der sowjetische Regisseur Roman Karmen nach Vietnam gekommen. Die vietnamesischen Militärführer ließen die Gefangenen in Reihen aufstellen und in separaten Einheiten mehrmals vor einem Gerüst vorbeimarschieren, auf der die Kamera stand. In jenen Tagen, etwas mehr als eine Woche nach der Übergabe des befestigten Lagers, drehte Karmen auch die Szene, in der die Vietminh-Fahne auf dem Dach des Hauptquartiers von General de Castries zu sehen ist (1).

1, 2, 3. Veröffentlicht in dem Buch von General Vo Nguyen Giap, *Dien Bien Phu,* 1. Aufl. Hanoi 1959, 2. Aufl. 1964. Außerdem in: *Guerre du peuple, armée du peuple,* Hanoi 1961.
4, 5. Verbreitet von der nordvietnamesischen Botschaft in Frankreich um 1980. Kommentar zum Film von General Bigeard im französischen Fernsehen am 8. Mai 1964. Mehrere dieser von Karmen oder den Vietnamesen getürkten Filmszenen erschienen nochmals in einer Serie von Henri de Turenne, die vom französischen Fernsehen im März-April 1984 gesendet wurde und eine heftige Polemik auslöste.

Das aufschlußreiche Leben einer Sonne der Menschheit in Bildern

Kim Il Sung ist einer der mysteriösesten Politiker. Wenn seine hymnischen Biographen auch mehrere tausend Seiten umfassen, so ist sein Leben doch kaum bekannt. Er stammt aus der Mittelklasse, flieht in die Sowjetunion, wo er koreanische Truppen ausbildet, mit denen er in Stalingrad kämpft. Von Stalin wird er 1945 nach Korea geschickt, um die Pläne der chinesischen Kommunisten zu durchkreuzen. Schließlich wird er mit sowjetischer Hilfe Regierungschef von Nordkorea. Seine Invasion in Südkorea 1950 löst einen bis 1953 andauernden Krieg aus, in den die Amerikaner eingreifen.

Kim Il Sung, der sich während des chinesisch-russischen Streits im Hintergrund hielt, sich aber vom Modell beider Länder inspirieren ließ, entfaltete in seinem Land eine der wahnwitzigsten Arten des »Personenkultes«. Die Museen quellen über von Gedenktafeln, die ihn verherrlichen. Alle möglichen Gegenstände, die der »Sonne der Menschheit« gehörten, sind in Schaukästen ausgestellt. Und der Mangel an Fotos aus seinem wirklichen Leben wird durch gewaltige hyperrealistische Fresken kompensiert, die die ruhmreichen Episoden – meist handelt es sich um Phantasieprodukte – seines unaufhaltsamen Aufstiegs darstellen. Und die Bilder, die man als Fotografien präsentiert, ähneln Gemälden in Schwarzweiß. In einigen Fällen ist man vielleicht von authentischen Porträts ausgegangen, aber andere sind wohl frei erfunden worden.

1 und 2. *Livre illustré de l'activité révolutionnaire du camarade Kim Il Sung,* Pjöngjang 1970.
3. *Histoire abrégée de l'activité révolutionnaire du camarade Kim Il Sung,* Paris 1973.
4. *Livré illustré...,* 1970.
5. *Museo de la guerra de liberación de la patria,* Pjöngjang 1969.
6. *Livré illustré...,* 1970.

Der große Führer auf den Feldern

In einer nordkoreanischen Broschüre trägt ein Bild Kim Il Sungs die Unterschrift: »Genosse Kim Il Sung, der Große Führer, freut sich mit den Bauern der Ontcheun-Ebene, wo es alljährlich eine überreiche Ernte gibt« (1). Man sieht den großen Führer, wie er sich lächelnd den Weg durch ein Getreidefeld bahnt. Hinter ihm kam bestimmt seine ganze Gefolgschaft – Leibwächter, Lagerhelfer, Sekretäre, Diener – und vielleicht auch die Bauern, die die Bildlegende erwähnt. Aber dieses Gefolge hat man wegretuschiert. Allerdings nicht ganz, denn in dem Kim umgebenden Lichtschein erkennt man eine undeutliche Silhouette und sogar eine Hand, die hinter ihm hervorschaut und also niemandem gehört. Kim schwebt unwirklich und lächelnd über der künftigen Erntepracht, die sich im verschwommenen Horizont auflöst.

Dank einer ausgeklügelten Kunst der Bildunterschriften hat die Fotografie in Nordkorea eine in der Welt einzigartige Dimension erreicht (2). Einige Beispiele: »Genosse Kim Il Sung, der Große Führer, erhält von seiner Mutter die Pistolen, die ganz vom Ideal erfüllt sind, das sein Vater Kim Hyeung Djik für die Erneuerung des Vaterlandes aufstellte«; »Genosse Kim Il Sung, großer Militärstratege und wunderbarer, unbesiegbarer Kommandant mit eisernem Willen, exerziert die Schwenkbewegung in großen Formationen«; »Genosse Kim Il Sung, hochgeachteter und vielgeliebter Führer, sorgt sich um das Schicksal der Bevölkerung Südkoreas«; »Genosse Kim Il Sung, hochgeachteter und vielgeliebter Führer, leitet vor Ort das Stahlwerk von Kangseun, um alle Parteimitglieder und die anderen Arbeiter zu einem heldenhaften Kampf aufzufordern, damit die Entscheidungen der Vollversammlung vom Dezember 1956 des ZK der Arbeiterpartei von Korea ausgeführt werden können«; »Die Arbeiter verdoppeln ihren Arbeitseinsatz bei der Herstellung von Kühlschränken und unterstützen dabei von ganzem Herzen das vom Führer vorangetriebene Große Politische Zehn-Punkte-Programm.«

52 Le camarade Kim Il Sung, grand Leader, partageant la joie des paysans sur la plaine d'Ontcheun qui donne chaque année une récolte abondante.

A Tcheungsan-ri, assis sans façon dans une aire de battage couverte d'une natte, le camarade Kim Il Sung, Leader et père affectueux, a discuté avec les paysans des travaux agricoles et de leur ménage.

1 und 2. *Le musée de la revolution coréenne,* Pjöngjang 1978.

Weltweite Verbreitung

Im »Museum der Parteigründung« und im »Museum der koreanischen Revolution« in Pjöngjang sind mehrere Säle der weltweiten Ausstrahlung der Ideen »des hochgeachteten und vielgeliebten Führers, des großen Denkers und Theoretikers« gewidmet. Die koreanischen Besucher können dort Tausende von Büchern sehen – die zahlreichen Werke und die umfangreiche Biographie (2200 Seiten) Kim Il Sungs, die in alle Sprachen der Welt übersetzt sind – und Tausende von Ausschnitten oder ganzen Seiten aus den Zeitungen aller Welt, in denen das Gesicht der »Sonne der Nation« über lobenden Artikeln, ungekürzten Reden oder warmherzigen Interviews abgebildet ist. In diesen Museumsvitrinen sieht man ebenso gut *Le Monde* wie *The New York Times*, die *Asahi Shinbun*, die *Gazette de Lausanne* oder die *Times of Ceylon*. »Zeitungen aus verschiedenen Ländern der Welt drücken ihre volle Unterstützung für die genialen Werken des Genossen Kim Il Sung aus...«, lautet die Legende. Der Sohn Kim Il Sungs, Kim Jong Il, »ein herausragender, ungemein scharfsichtiger Denker«, erfreute sich gegen Ende der siebziger Jahre allmählich der gleichen Aufmerksamkeit durch die Presse auf der ganzen Erde. Und sogar der Vater Kims Il Sungs, Kim Hyeung Djik, »ein unbeugsamer, anti-japanischer, militanter Revolutionär«, sah sich ganzseitig in indischen, britischen oder afrikanischen Zeitungen beweihräuchert. Wundern sich die nordkoreanischen Besucher der Museen von Pjöngjang darüber, daß Zeitungen und Zeitschriften, auch noch ein halbes Jahrhundert danach, vom Leben eines Mannes berichten, der 1926 starb? Erstaunt es sie, daß so viele Zeitungen den Großen Führer erwähnen? Können sie das Wort »Anzeige« lesen, das manchmal oben auf diesen ganzen Zeitungsseiten steht? Denn diese unzähligen Artikel sind für sehr teures Geld in allen Hauptstädten der Welt gekaufte Reklameseiten, und die Unmengen von Büchern wurden sehr wohl in allen Sprachen veröffentlicht – allerdings auf Kosten des Autors. Als diese Aktivitäten zwischen 1968 und 1978 ihren Höhepunkt erreichten, nahmen die für die weltweite Reklame geleisteten Ausgaben einen beträchtlichen Anteil des Staatshaushaltes ein. Mit naiver Begeisterung mußten sich daher die Diplomaten daran machen, Drogen-, Tabak- oder Alkoholhandel zu betreiben, um das Reklamenetz mit Devisen zu speisen, was 1976 zu einigen Skandalen führte. Das Ergebnis dieses unermüdlichen Fleißes: In den Schaukästen der Museen hängen Seiten aus *France-Soir*, der *Times* oder der *International Harald Tribune*, die die Nordkoreaner nicht lesen können, auf denen sie aber sofort das Porträt ihres »Großen Steuermanns« erkennen.

Le musée de la révolution coréenne, Pjöngjang 1978.

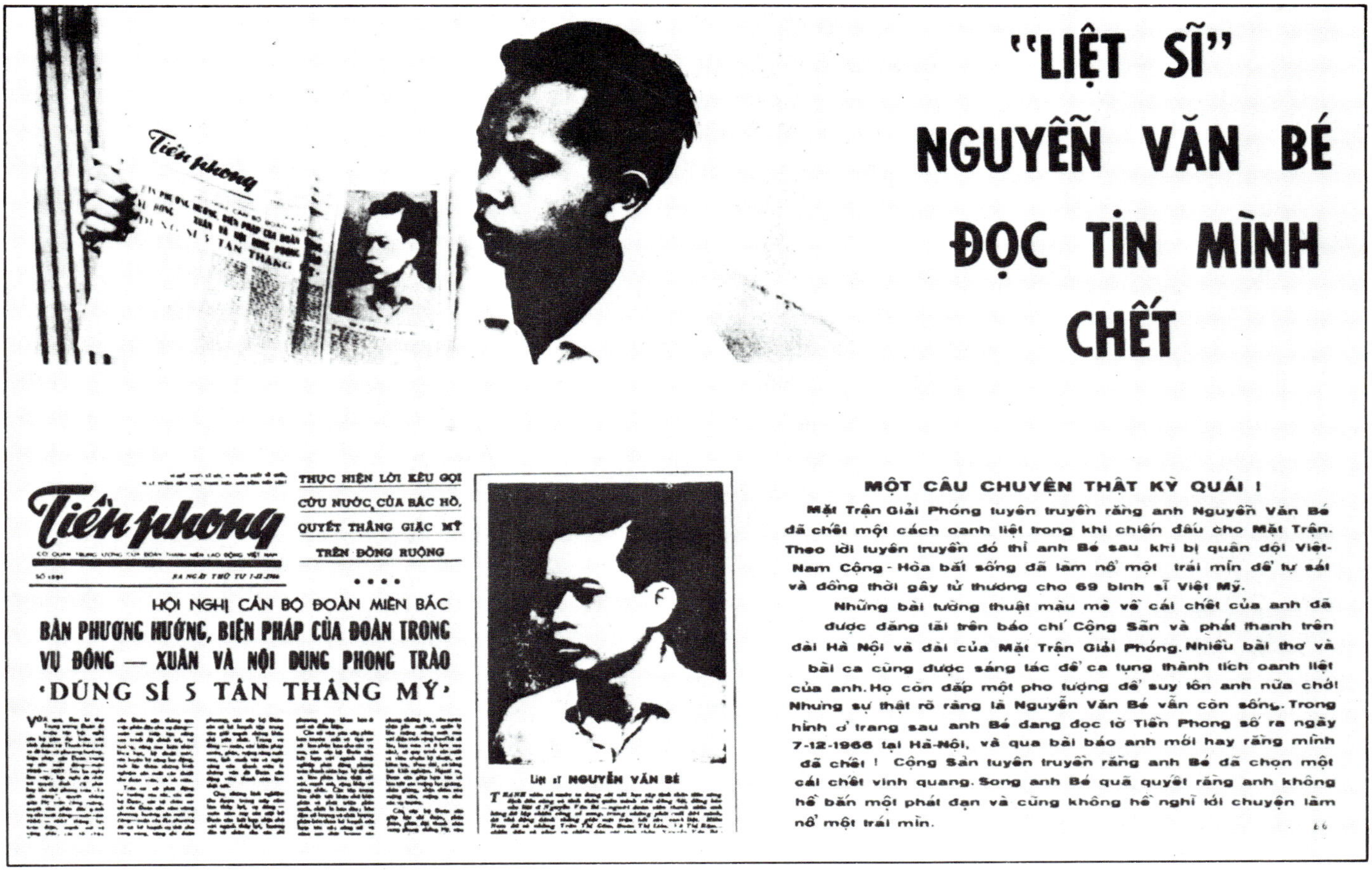

Nguyen Van Be: der Mann, der tot war

Während des zweiten Vietnam-Krieges (1957–1975) wetteiferten die Gegner miteinander in der Propaganda. Gerüchte, Falschmeldungen, getürkte Fotos und gefälschte Dokumente wurden in Hülle und Fülle sowohl von der nordvietnamesischen Regierung als auch von den Nachrichtendiensten der amerikanischen Armee verbreitet.
Eine der seltsamsten Propagandageschichten hatte einen jungen Vietnamesen von zwanzig Jahren namens Nguyen Van Be zum unfreiwilligen Helden. Seine Geschichte erschien an einem Tag im Herbst 1966 in *Thien Phong*, der Zeitung von Hanoi. Er kam aus einer armen Bauernfamilie im Mekong-Delta, war dem Vietkong beigetreten und soll ein Vorbild »an revolutionärem Eifer« geworden sein. Am 30. Mai 1966 war er, mit Minen, Granaten und weiterer Munition bewaffnet, nahe der Stadt My An gefangengenommen und von einem amerikanischen Offizier verhört worden. Dabei soll er eine Mine in die Hand genommen haben: »Die Mine hoch über seinen Kopf erhoben, in seinen Augen das Funkeln eines schrecklichen Glanzes, rief er aus: ›Es lebe die nationale Befreiungsfront. Nieder mit den amerikanischen Imperialisten!‹ (...) So wurden 69 Feinde getötet, darunter zwölf Amerikaner (ein Hauptmann) und zwanzig Marionettenoffiziere«. Das »Martyrium« wurde in Nordvietnam zum Thema von Broschüren und Artikeln, die ganze Titelseiten von Zeitungen füllten, von Gedichten, Theaterstücken, Radiosendungen und einer Oper. Man errichtete ihm sogar zwei Denkmäler.
Im Februar 1967 bemerkte ein Gefängnisaufseher in Südvietnam die extrem starke Ähnlichkeit eines seiner Häftlinge mit den Fotos, die die kommunistischen Zeitungen und Broschüren veröffentlichten. Er meldete es den Behörden. Der Gefangene war niemand anders als Nguyen Van Be, und die Umstände seiner Gefangennahme waren äußerst banal gewesen: Ein südvietnamesischer Soldat hatte ihn gefaßt, als er versucht hatte, schwimmend durch einen Kanal zu entkommen. Nguyen Van Be wurde auf einer Pressekonferenz vorgestellt. Die amerikanische Propaganda befaßte sich mit der Affäre und nutzte sie auf ihre Weise: Im Juli 1967 hatten bereits 30 Millionen Flugblätter, 7 Millionen Broschüren, 465 000 Plakate, die Sondernummer einer Zeitung in einer Auflage von 175 000 Exemplaren, 167 000 Fotos, mehrere Filme und Radio- oder Fernsehsendungen im Norden wie im Süden die Gesichtszüge Nguyen Van Bes, seiner Familie und seiner Freunde verbreitet.

Das von den Amerikanern verbreitete Flugblatt zeigt Nguyen Van Be, der am 7. Dezember 1966 den *Thien Phong* liest, wo sein Foto auf der Titelseite abgebildet ist, gefolgt von einem ausführlichen Bericht über die Taten des Helden. Der Text gibt die ganze Geschichte wieder und präzisiert: »Die Kommunisten sagen, Be habe den Heldentod gewählt. Be sagt, er habe nie einen Schuß abgegeben und noch nicht einmal eine Vorstellung davon gehabt, wie eine Mine explodiert.« *(U.S., JUSPAO,* Flugblatt Nr. 66).

Die Roten Khmer führen Regie

1972. Die Vereinigte Nationale Front von Kambodscha unter der Führung Khieu Samphâns will ihre Legitimität vor der Welt bezeugen. Sie will außerdem beweisen, daß sie unabhängig von ihrem Kampf gegen den amerikanischen Imperialismus die legitime Herrschaft des Prinzen Sihanouk anerkennt, der sich zu dieser Zeit im Pekinger Exil befindet. Schließlich will sie auch nachweisen, daß sich ihre Führer sehr wohl im Dschungel auf kambodschanischem Gebiet befinden und sich nicht, wie die Amerikaner behaupten, auf Stützpunkte an der thailändischen Grenze zurückgezogen haben. Also macht man eine Fotosammlung zurecht und schickt sie an Prinz Sihanouk. Die Aufnahmen zeigen, wie der Ministerrat in Hütten im Dschungel tagt und wie militärische Operationen von fünf Führern der Roten-Khmer in den verschiedenen »befreiten« Gebieten durchgeführt werden. Dennoch finden sich auf allen Fotos dieselben Bäume wieder, dieselben kaum veränderten Hütten, dasselbe Panorama, dieselben Details in der Kleidung. Die ganze Fotoserie ist offensichtlich eine Inszenierung, die am sicheren Ort mit stets denselben Komparsen organisiert wurde. So sieht man dieselben Kämpfer, die eben noch mit einer Waffenübung zugange waren, gleich darauf in derselben Uniform und mit denselben Waffen »bereit, sich auf den Feind zu stürzen«. Drei Jahre später zogen die Roten Khmer in Pnom Penh ein (17. April 1975), vertrieben alle Bewohner einschließlich der Kranken, töteten die Verletzten und siedelten die Bevölkerung in ländliche Gebiete um, wo viele Menschen niedergemetzelt wurden. Die Herrschaft der Roten Khmer dauerte bis zur Invasion durch die Vietnamesen im Januar 1979. Der durch die Regierung Pol Pots errichtete Agrarkommunismus war von Zwangsarbeit, der fast völligen Zerstörung der traditionellen Strukturen der Gesellschaft und der systematischen Vernichtung eines Großteils der Bevölkerung begleitet. Die Zahlen, die von den zuverlässigsten Quellen errechnet wurden, reichen von 500000 bis zu 2000000 Toten.

The leaders of the Khmer resistance and members of the royal government of national union in the interior of Cambodia. National United Front of Cambodia, Broschüre, 1972.

Balkan-Revolutionen

Die Systeme der Zensur und Kontrolle der Bilder, wie sie von den Sowjets in den dreißiger Jahren entwickelt und perfektioniert worden waren, dienten allen nach dem Zweiten Weltkrieg in Europa errichteten Volksdemokratien als Modell. Häufig haben die sowjetischen Berater die neuen Regierungen dabei unterstützt, innerhalb der Informations- und Propagandaministerien spezielle Büros einzurichten.

Ungarn, Polen, die DDR, die Tschechoslowakei, Bulgarien, Rumänien, Jugoslawien und Albanien wurden dementsprechend mit soliden bürokratischen Strukturen ausgestattet, deren Aufgabe darin bestand, Information und öffentliche Meinung zu kontrollieren. Auch wenn sich mehrere dieser Länder nach und nach von der Sowjetunion lösten und sogar in Konflikt mit ihr gerieten, wurde das politische System doch nie grundsätzlich in Frage gestellt. So finden sich überall die gleichen Mechanismen der zentralen Steuerung von Information und Verlagswesen, von Zensur und Propaganda wieder, die zumeist mit mehr oder weniger schrillen Formen des »Personenkults« verknüpft sind.

Der Staatschef, ein mit der Vorsehung im Bunde stehender Mann, wird zum Mittelpunkt allen historischen, politischen und kulturellen Geschehens. Die Bilder werden derart überarbeitet, daß die historische Kontinuität zwischen dem legendären Leben des Kämpfers von gestern und dem Schicksal der Nation, mit dem er sich identifiziert, gewährleistet ist. Rivalen, die in aufeinanderfolgenden Wellen eliminiert werden, unverständliche, mißglückte oder konträre politische Wenden – stets ist die Fotografie an der Umarbeitung der Geschichte beteiligt und nimmt damit eine der wichtigsten kulturellen Aufgaben dieser Länder wahr.

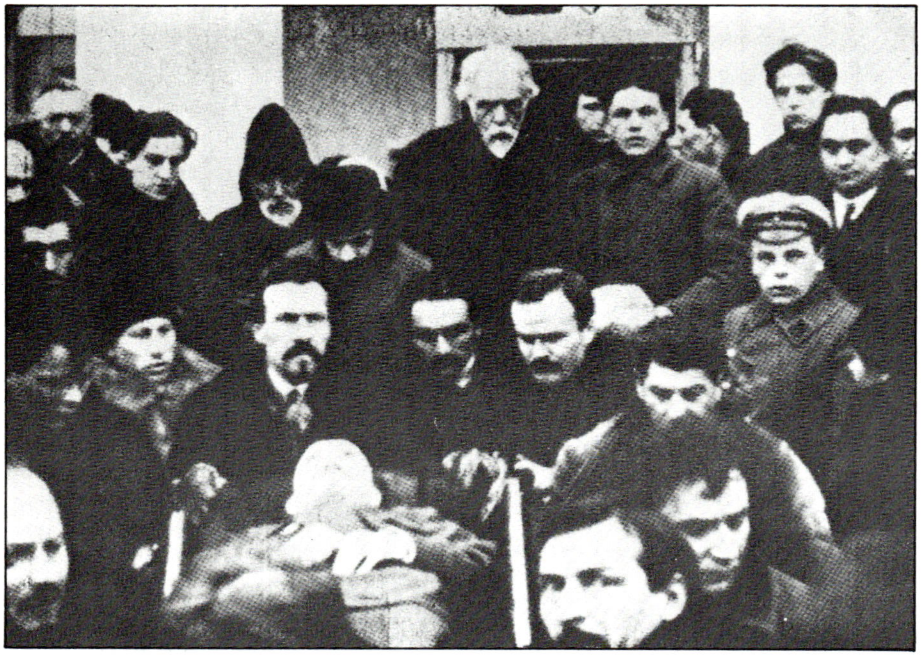

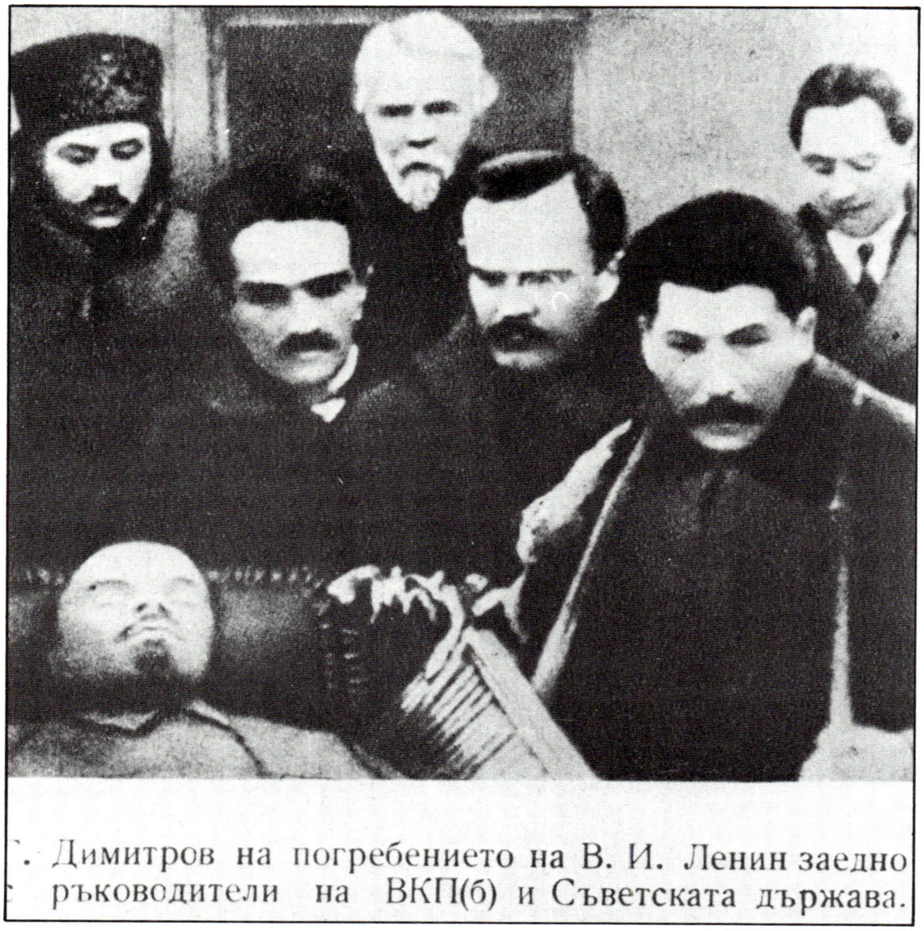

Dimitroff nähert sich dem Sarg Lenins

Januar 1924. Lenin ist tot. Während der Beisetzung drängen sich Verwandte, Freunde, Bolschewiken und Revolutionäre um den Sarg. In der Menschenmenge ist ein Bulgare, Georgi Dimitroff (1882–1949). Als junger Abgeordneter der bulgarischen Nationalversammlung war er von 1915–1917 wegen Pazifismus inhaftiert. Als Organisator der Kommunistischen Partei Bulgariens traf er 1920 mit Lenin zusammen. Infolge der Arbeiterunruhen von 1923 wird er zum Tode verurteilt: Er verbringt 22 Jahre im Exil, die meiste Zeit davon in Moskau. 1933 hält er sich in Berlin auf und wird von den Nazis bezichtigt, zum Reichstagsbrand angestiftet zu haben. Nach einem in ganz Europa Aufsehen erregenden Prozeß wird er freigesprochen und kehrt nach Moskau zurück. Nach Bulgarien kommt er erst wieder 1945 mit der Roten Armee.
In den Büchern zur Ehrung Dimitroffs, die nach seinem Tode veröffentlicht werden, sieht man ihn bei der Beisetzung Lenins. Um Dimitroff mit den übrigen Revolutionären auf eine Ebene zu stellen, werden einige Personen aus dem Kreis der Versammelten entfernt, und er selbst wurde näher an Stalin herangerückt. In den Veröffentlichungen aber, die in den Jahren der Entstalinisierung erscheinen, verschwindet dieses Foto ebenso wie die vielen anderen Aufnahmen, die Dimitroff gemeinsam mit Stalin zeigen.

1. Fotogramm aus »Beisetzung Lenins«, Sonderstreifen gefilmter Wochenschau der *Kinokronika,* Anfang Februar 1924.
2. In: *Georgi Dimitrov 1882–1949,* Sofia 1958.

Vor dem Brunnen

Moskau, September 1944. Georgi Dimitroff, der sich immer noch im sowjetischen Exil befindet, posiert vor dem Brunnen eines Moskauer Gartens. Um ihn herum gruppiert sich sein »Generalstab« Wassil Komarow (sitzend, links), Dimitri Ganew (sitzend, rechts), Georgi Damianow (stehend, links) und Wilko Tscherwenkow (stehend, rechts). Nach dem Krieg kehrt Dimitroff nach Sofia zurück, wird zum Vorsitzenden des Ministerrats ernannt und stirbt 1949 auf einer Reise nach Moskau. Nachfolger wird sein Schwager Tscherwenkow. Der neue Parteichef säubert die Partei auf brutale Art und Weise. Da er in Bulgarien ein Entwicklungsmodell einführen will, das den sowjetischen Führern allzusehr dem chinesischen oder albanischen ähnelt, wird er Ende November 1961 im Anschluß an einen von Todor Schiwkow verlesenen Bericht von der Partei ausgeschlossen. Sein Bild verschwindet aus den Veröffentlichungen. Auf diesem Foto hat man ihn durch das Gartenlaub ersetzt. Um der Komposition das Gleichgewicht zurückzugeben, mußte man eine Ausschnittvergrößerung machen, wobei der treue Ganew gleich mit aus dem Bild verschwand.

1. In: *Georgi Dimitrov,* op.cit.
2. In: Luka Zulamski und Georgi Stoitchev, *Toi, moi et Dimitrov,* Sofia 1968.

Ein störendes Mikrofon

Sofia, 31. Januar 1946. Während einer Versammlung auf dem Platz vor dem Nationaltheater wird die Verabschiedung des Gesetzes über die Konfiszierung von im Kriege unrechtmäßig erworbener Güter verkündet. Regierungschef Georgi Dimitroff hört einem jungen Mitglied des ZK der Partei beim Vortrag einer Rede zu. Jahre später ergreift Todor Schiwkow, der Sekretär der Bulgarischen Kommunistischen Partei, auf den Rat Moskaus hin die Macht, indem er Staatschef Wilko Tscherwenkow (1961) kaltstellt und sich mit der Bürgschaft Chruschtschows (1962) zum Premierminister ernennen läßt. Das Foto, das den zukünftigen Führer darstellt und seine Biographie illustrieren soll, wurde verändert. Man läßt das Mikrofon beiseite, das Schiwkow verdeckte, und retuschiert die Personen zwischen ihm und Dimitroff weg: Schiwkows Gesicht wird rekonstruiert, und die Kontinuität zwischen den beiden historischen Führern ist fortan gewährleistet.

1. In: Zulamski/Stoitchev, *Toi, moi et Dimitrov*, op.cit.
2. In: Todor Zhivkov, *A. Biographical Sketch*, Sofia 1981.

Tito rügt seinen Generalstab

Ein 1944 während des Widerstandes aufgenommenes Foto zeigt Josip Broz Tito, umgeben vom Generalstab der jugoslawischen Befreiungsarmee, bei einer geheimen Versammlung in einer Grotte auf der Insel Vis. Tito befindet sich in der Bildmitte. Rechts von ihm sind Vladimir Bokaric, Ivan Milutinovic, Eduard Kardelj; links Eleksander Rankovic, Svetozar Vukmanovic-Tempo und Milovan Djilas. Nach dem Ausschluß von Djilas (1954) tauchen verstümmelte Fassungen auf. Da Djilas sich am rechten Bildrand befindet, genügte es, die fünf übrigen Personen in der Mitte enger zusammenzurücken, um immer noch eine richtige Gruppe zu haben. Aber auch Rankovic wird 1966 kaltgestellt. Er ist der erste links von Tito, und folglich ist diesmal das ganze Foto gefährdet: In den jugoslawischen Büchern Ende der sechziger Jahre bleibt daher nur noch Titos Gesicht zurück.

1. Svetozar Vukmanov-Tempo, *Revolucija Koja tece, Memoari* (Die Revolution im Aufbau), Belgrad 1971.
2. Pero Moraca und Viktor Kucan, *La guerre et la révolution des peuples yougoslaves, 1941–1945*, 20. Jahrestag des Aufstands, Belgrad 1961.

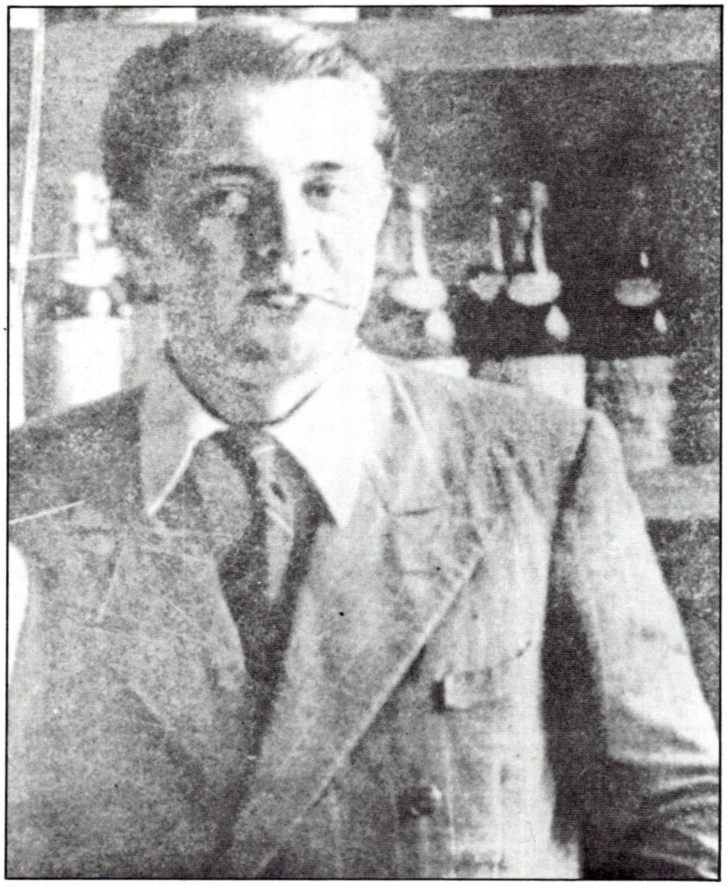

Die Zigarette des Kneipenwirts

Enver Hodscha (1908–1985), Sohn eines albanischen Kaufmanns, studiert in Montpellier und Paris. Er wird Sekretär des albanischen Konsuls in Brüssel (1933) und kehrt danach in sein Heimatland zurück (1936). Während er als Lehrer am Gymnasium von Tirana, dann am französischen Gymnasium von Korce arbeitet, fällt er durch seine politische Aktivität auf: Er wird entlassen. Daraufhin betreibt er ein Café mit Tabakverkauf, das *Flora* in Tirana, das Treffpunkt von Intellektuellen und antifaschistischen Agitatoren ist. Als die jugoslawischen Gesandten der Komintern nach der italienischen Invasion (1939) versuchen, die verschiedenen Parteien zu vereinen (1941), wird Hodscha zum Sekretär der Kommunistischen Partei Albaniens ernannt. Er ist dann einer der Organisatoren des bewaffneten Widerstands. In den Nachkriegsjahren steigt Hodscha zum absoluten Herrscher des sozialistischen Albaniens auf. Das einzige Foto, das ihn in seinem Café zeigt, ist retuschiert. Man nimmt Hodscha die Zigarette weg, die er im Mund hat, mildert sein spöttisches Lächeln, bügelt sein Jackett ein wenig auf und verwandelt so den Kneipenwirt in den zukünftigen Staatschef.

1. Tirana 1941. In: *Précis d'histoire de la lutte antifasciste de libération nationale du peuple albanais 1939–1944*, Paris 1975.
2. In: *Me Popullin, mes shokeve*, Tirana 1983.

Profesorë e nxënës të Liceut të Gjirokastrës. Nga e majta në të djathtë.

Zuviel Füße auf dem Gruppenbild

Hodscha, nun Führer des sozialistischen Albanien, muß sich gegen die annexionistischen Bestrebungen Jugoslawiens und die innere Opposition wehren. Innenminister Koci Xoxe ist Anhänger eines Wirtschaftsbündnisses. Nako Spiru, einer der Widerstandsführer, widersetzt sich dem: Er wird in den Selbstmord getrieben. Einige Zeit später kehrt der Bruch zwischen Stalin und Tito die Lage um: Xoxe wird zum Tode verurteilt und sogleich hingerichtet (1949). 1956 nutzt Hodscha, der immer noch die Zielscheibe von Titos Angriffen ist, die von Ungarn ausgehende Krise der kommunistischen Welt, um alle seine politischen Gegner zu liquidieren, darunter die führende Kommunistin Liri Gega (sie wurde erschossen, während sie schwanger war). Er wendet sich nun China zu und widersteht den polemischen Angriffen aus der Sowjetunion. Nach der chinesisch-jugoslawischen Annäherung bricht er allmählich wieder mit den Chinesen und setzt Verteidigungsminister Bequir Balluqu ab (1975), dann Generalstabschef Petrit Dume (1976) sowie alle »prochinesischen« Minister.
1981 nimmt sich einer seiner ältesten Kampfgefährten, der Premierminister Mehmet Shehu, das Leben: In einem seiner Bücher erklärt Hodscha im darauffolgenden Jahr, Mehmet sei schon immer ein von den Jugoslawen und Sowjets gedungener Spion gewesen, der eine Verschwörung angezettelt habe, um ihn zu ermorden.
Auf Eliminierungswellen folgten stets strikte Säuberungen der historischen Texte wie der Ikonographie. Beispielsweise mußten Bildbände über die Geschichte Albaniens zwischen 1975 und 1983 vier- oder fünfmal neu aufgelegt werden, um die Fotos von Balluqu, Dume und Shehu daraus zu entfernen und den neuen Thronfolger Ramiz Alia vorzuschieben.
Auch die Bilder aus Enver Hodschas Leben wurden neu durchgesehen und ›gesäubert‹. Die Lücken auf den Fotos in Museen und Büchern bezeugt exemplarisch dieses alte Foto, das den jungen Enver darstellt, als er in seiner Heimatstadt Gjirokastër das Gymnasium besuchte. Einige Schüler stehen hinter einer Gruppe von Lehrern. Man erkennt, daß zwei Lücken in die Gruppe geschnitten wurden. Zwei Personen wurden wegretuschiert und die Mauer im Hintergrund sorgfältig neu gemalt, aber man vergaß dabei, auch ihre Füße wegzuretuschieren (unten Mitte und unter dem Stuhl rechts außen).

Enver Hoxha, *Vite te vegjekuse*, Tirana 1983.

Fotohochzeit

Wenn die Retuschierspezialisten das Leben großer Führer illustrieren, lassen sie nicht einmal die Gefühle außer acht. Davon zeugt diese schöne Montage, die Hodscha und seine Frau Nexhmije zusammenbringt. Hodschas Gestalt stammt von einem während des 1. Kongresses der antifaschistischen Jugend im August 1944 in Helmes aufgenommenen Gruppenbild. Seine Figur wurde nachgemalt und herausgelöst, das heißt von den benachbarten Gestalten abgesetzt und auf ein anderes Foto aufgeklebt. Man hat sich bemüht, die beiden Hintergründe zu vereinheitlichen, aber dennoch ist die senkrecht verlaufende Naht nicht zu übersehen.

In: *Me popullin,* op.cit.

Vom Maskieren zum Wegretuschieren

Während der Konferenz von Labinot (17.–22. März 1943) posieren einige Führer des albanischen Widerstands mit Hodscha in ihrer Mitte für den Fotografen. Im Laufe dieser Versammlung organisiert die Kommunistische Partei den Kampf, ruft eine Nationale Befreiungsarmee ins Leben und wählt Hodscha zum Generalsekretär. Dieses Foto war in Albanien sehr bekannt und in verschiedenen Museen ausgestellt. In einem 1976 erschienenen Buch wird es wieder abgedruckt, doch stellt man fest, daß sich ein Unerwünschter in der Gruppe befindet. Vielleicht ist es Petrit Dume, Generalstabschef der albanischen Armee, der gerade liquidiert wurde. Also bedeckt man sein Gesicht mit einer Maske aus schwarzer Tinte, und so wird das Buch dann verkauft und exportiert.

1. In: Ndreçi Plasari und Shyqri Ballvora, *Histoire de la lutte antifasciste de libération nationale du peuple albanais*, Bd. 1, Tirana 1976.
2. In: *Me popullin,* op.cit.

Eine kleine Gestalt auf dem Kongreß

Permet, 24. Mai 1944. Auf einem Kongreß wird der antifaschistische Nationale Befreiungsrat gewählt. Es ist die Geburt der Volksdemokratie in Albanien. 1983 erscheint diese Aufnahme vom Kongreßsaal in einem Bildband mit historischen Fotografien. Der schwarzgekleidete Mann hinten im Saal wurde wegretuschiert. Gewiß handelt es sich hier um Mehmet Shehu, den Premierminister Hodschas, der sich im Dezember 1981 nach einer der seltsamsten Verschwörungen das Leben nahm. Über Sinn und Zweck des Wegretuschierens einer winzig kleinen, kaum erkennbaren Person mag man streiten. Doch die Retusche hat ihre eigenen Gesetze und kennt verschlüsselte Botschaften, die so oder so ihre Adressaten finden.

In: *Précis d'histoire de la lutte antifasciste de la libération nationale du peuple albanais, 1939–1944,* Paris 1975. Schon diese erste Fassung enthält eine Retusche: Eine Person neben dem stehenden Mann wurde wegretuschiert, vielleicht jemand, der in den Jahren von 1945 bis 1975 liquidiert worden war.
2. In: *Me popullin, op. cit.*

»Die Morgendämmerung ist angebrochen...«

29. November 1944: Albanien ist vollständig befreit, und Hodscha ergreift in Tirana das Wort. Das historische Foto, das ihn vor dem Mikrofon zeigt, wobei andere Widerstandsführer an seiner Seite stehen (1), sollte mehrere Umwandlungen durchmachen: Es wird sorgfältig nachgemalt, man macht eine Ausschnittvergrößerung davon (2), und schließlich wird es derart retuschiert, daß die Nachbarn verschwinden und Hodscha als alleiniger Befreier Albaniens übrigbleibt (3). Dieses letzte Bild ist mit folgender Unterschrift versehen: »Die im November angebrochene Morgendämmerung verkündet den Sonnenaufgang der neuen Zeit.«

1. In: *Précis d'histoire...*, op.cit.
2. In: *Me popullin*, op.cit.
3. In: *40 vjet shqiperi socialiste* (40 Jahre sozialistisches Albanien), Tirana 1984.

Besuch im Mausoleum

Hodscha hat ein Buch geschrieben, um seine Bewunderung für Stalin auszudrücken. Neben authentischen, allerdings retuschierten Aufnahmen befinden sich Fotos, die im Laufe der Jahre auf nichtssagende und anscheinend sinnlose Art und Weise verändert wurden. So etwa dieses Foto von Hodscha, der am Lenin-Mausoleum einen Kranz niederlegt. Eine neue Fassung läßt überflüssige Details verschwinden (doch ist die eliminierte Person möglicherweise Mehmet Shehu).

1. In: *Me popullin*, op.cit.
2. In: *Enver Hodja, Avec Staline, Souvenirs*, Tirana 1984.

Die Trompe-l'œils der kubanischen Geschichte

Als Fidel Castro am 2. Januar 1959 triumphierend in Havanna einzieht, genießt er ein außerordentlich großes nationales Ansehen und eine mit Neugier gepaarte internationale Sympathie. Von der Presse, einer der ansehnlichsten und vielfältigsten in ganz Lateinamerika, erhält das neue Regime samt den von ihm eingeleiteten unabdingbaren Reformen eher Unterstützung. Doch die Begeisterung ist von kurzer Dauer. Innerhalb von weniger als zwei Jahren werden Tageszeitungen, Wochenzeitungen und Monatsschriften verstaatlicht, umgruppiert und schließlich auf drei oder vier Titel reduziert.

Der Bildung einer Einheitspartei, die sich zunächst »Vereinigte Partei der sozialistischen Revolution«, dann prosaischer »Kommunistische Partei Kubas« nennt, geht die Ausschaltung von oppositionellen und dann auch von nichtmarxistischen revolutionären Strömungen einher. Die Verhärtung der amerikanischen Haltung angesichts der Verstaatlichung (Agrarreform, Juni 1959; Zuckerraffinerien, August 1959; Öl, Oktober 1959) und die nachfolgende Blockade bewirken gleichzeitig, daß Castro sich der UdSSR zuwendet.

Nach dem Scheitern der Landung in der Schweinebucht (16. April 1961), vor allem aber nach der Raketenkrise (Oktober 1962) helfen die sowjetischen Ratgeber den kubanischen Behörden auch dabei, Presse, Archive und Information unter ihre Kontrolle zu bekommen. Alle Revolutionsarchive werden unter die Aufsicht des Historischen Instituts der Kommunistischen Partei und des Innenministeriums gestellt. Und von Spezialisten, die aus der Sowjetunion gekommen sind, lernen die Kubaner, wie man Fotos retuschiert. Die fotografische Zensur richtet sich gegen verschiedene Unterströmungen der kubanischen Revolution, gegen alte Kampfgefährten Castros, die seine Ansichten nicht mehr teilten und umgebracht wurden, im Gefängnis saßen oder sich fürs Exil entschieden hatten. Sie richtete sich gegen Mitglieder der Familie des Diktators, die zu ihm auf Distanz gegangen waren, oder aber gegen andere, die in Kuba geblieben sind, um gegen die Unterdrückung zu protestieren, deren Komplizen sie wider Willen geworden waren.

Wie in vielen anderen totalitären Staaten wurden Abrechnungen, schmutzige Familiengeschichten und Liquidierungen von Rivalen oder Oppositionellen verschleiert, und es wurden auch mehrere historische Begebenheiten ihrer eigentlichen Bedeutung zugunsten revolutionärer Mythenbildungen beraubt.

»Verräter der Revolution«

»Havanna, 13. Oktober 1953. Gestern beschloß Innenminister Ramon Hermida, die vom Gericht in Santiago de Cuba infolge der Vorkommnisse in der Moncada-Kaserne verurteilten 27 Personen in die staatliche Strafanstalt auf der Isla de Pinos zu schicken.« Die Presseverlautbarung ist knapp, aber präzise: 27 Guerilleros haben den Ansturm auf eine Kaserne überlebt, der bald zum Symbol der Guerilla wird (auch zwei Frauen sind darunter, Haydée Santamaria und Melba Hernandez, die in ein anderes Gefängnis kommen). Zwanzig Monate Zuchthaus. 15. Mai 1955: Amnestie. Fidel Castro geht nach Mexiko, gründet die »Bewegung des 26. Juli«, die Gruppe kehrt auf dem Schiff *Granma* zurück und geht am 2. Dezember 1956 unter großen Schwierigkeiten an Land. Castro geht in den Untergrund, seine Bewegung weitet sich aus, das Regime stürzt, Diktator Batista ergreift die Flucht, und Castro zieht triumphierend in Havanna ein. Aus dem Regime, das sich mit der Sowjetunion verbündet, wird bald eine Diktatur, und viele von Castros alten Freunden wenden sich von ihm ab. Von historischen Fotografien werden sie im allgemeinen wegretuschiert. Aber nicht immer. Beispielsweise sieht man auf diesem Foto, das auf einem Gefängnishof auf der Isla de Pinos aufgenommen wurde, sehr wohl die 27 von Moncada, doch werden nur 25 in der Bildlegende erwähnt. Eduardo Montano und Mario Chanes, die beiden Männer ohne Namen, hatte man zu »Verrätern der Revolution« erklärt. Der eine ging ins Exil, der andere saß noch 1986 in einem kubanischen Gefängnis, geschlagen und gefoltert. Desgleichen wurden von den Fotos, die die Entlassung der Häftlinge am Tag der Generalamnestie zeigen, Ausschnittvergrößerungen mit Fidel Castro und seinem Bruder Raúl gemacht, um unerwünschte Gestalten zu entfernen.

Die »moncadistes« im Gefängnishof vor ihrer Zelle: 1. Julio Díaz 2. Eduardo Rodríguez Alemán 3. José Suárez Blanco 4. Reinaldo Benítez 5. Ramiro Valdés 6. Jesús Montané 7. José Ponce 8. Gabriel Gil 9. Israel Tápanes 10. Orlando Cortés 11. Rosendo Menéndez 12. Juan Almeida 13. Augutín Díaz Cartaya 14. René Bedia 15. Enrique Cámara 16. Fidel Labrador 17. Ciro Redondo 18. Raúl Castro 19. Abelardo Crespo 20. Andrés Carcía 21. Pedro Miret 22. Armando Mestre 23. Francisco González 24. Oscar Alcalde und 25. Ernesto Tizol.

1. Abgebildet in *Bohemia* Nr. 21, 22. Mai 1955.
2. Abgebildet u. a. in: Fidel Castro, *La historia me absolvera,* Havanna und Moncada 1973.
3. Erschienen in *Bohemia,* Mai/Juni 1980, anläßlich der 25. Wiederkehr der Befreiung Castros und seiner Genossen. Neuausgabe als Buch, *La prison féconde,* Havanna 1982.

Wegretuschiert in Schwarz oder in Weiß

1. Januar 1959, Palma Soriano. Vor den Toren Santiago de Cubas spricht Fidel Castro einen feierlichen Aufruf ins Mikrofon von »Radio Rebelde« und fordert die Truppen von Camilo Cienfuegos und Che Guevara auf, in Richtung Havanna zu marschieren. Ihm gegenüber steht ein Sprecher von Radio Rebelde, Jorge Enrique Mendoza, und rechts neben ihm Carlos Franqui, Leiter der Rundfunkstation und einer der fünf Mitglieder des Exekutivbüros der »Bewegung des 26. Juli«. Am Morgen hat Franqui, der von der Flucht Batistas erfahren hatte, zum Streik aufgerufen und die Rebellen angewiesen, die Verkehrsverbindungen zu unterbrechen, die Städte zu besetzen und selbst die Ordnung aufrechtzuerhalten.
Nach der Machtübernahme ist Franqui bis 1963 Herausgeber der Zeitung *Revolución*. 1967 organisierte er die Mai-Messe und 1968 den Kulturkongreß von Havanna. Als Fidel Castro im Sommer 1968 die sowjetische Intervention in die Tschechoslowakei billigt, bricht Franqui mit dem Regime und geht nach Italien ins Exil. Sein Bild verschwindet aus den Veröffentlichungen. Mal wird er mit weißer, mal mit schwarzer Deckfarbe übermalt. Im Museum des Untergrundkampfes in Santiago de Cuba kann man das Faksimile der Seite einer damaligen revolutionären Zeitung sehen, wo genau dieses Foto abgebildet ist, Franqui sich allerdings in einem schwarzen Hintergrund aufgelöst hat!
»Ich entdecke meinen fotografischen Tod«, schreibt Carlos Franqui in einem Gedicht. Von allen »Wegretuschierten« der Geschichte ist er der einzige, der versucht hat, sein fotografisches Verschwinden literarisch zu verarbeiten:

»Existiere ich?
Ich bin ein bißchen Weiß,
Ich bin ein bißchen Schwarz,
Ich bin ein bißchen Scheiße,
Auf der Jacke von Towarischtsch Fidel.«

1. Zahlreiche Veröffentlichungen bis Herbst 1968. Z. B. in: *Revolución*, Dezember 1962.
2. »Schwarz« wegretuschiert, in: *Cuba*, Sondernummer »Los cien anos de lucha«, Oktober 1968.
3. »Weiß« wegretuschiert, in: *Granma*, ausgewählte Wochenausgabe in französischer Sprache, 18. März 1973.

Geheimnis um Cienfuegos

Havanna, 8. Januar 1959. Fidel hält seine Ansprache an die Nation vor einer begeisterten Menschenmenge. An seiner Seite einer der Revolutionäre, den die Kubaner besonders liebgewonnen haben, Camilo Cienfuegos. Einmal hält Fidel inne, wendet sich Camilo zu und fragt ihn:

– »Voy bien, Camilo?« (Ist es gut so, Camilo?)

– »Vas bien, Fidel!« (So ist es gut, Fidel.)

Dies sollten die berühmtesten Worte in Castros Heldenepos bleiben. Cienfuegos, der glühend verehrte Held und Anführer der Rebellenarmee, verschwindet rasch und unter merkwürdigen Umständen.

Im Oktober 1959 warnt Hubert Matos, ehemaliger Volksschullehrer und ein weiterer Held der kubanischen Revolution, nun Militärführer der Provinz Camaguey, Castro vor kommunistischen Unterwanderungen in Armee und Regierung und vor allem vor den Methoden der Agrarreform. Schließlich reicht er sein Abschiedsgesuch ein (19. Oktober). Castro beauftragt Cienfuegos, Matos unverzüglich festzunehmen. Damit beginnt eine der undurchsichtigsten Episoden der kubanischen Geschichte. Matos wird tatsächlich verhaftet. Man verurteilt ihn wegen »Verrats« und wirft ihn ins Gefängnis, aus dem er erst 20 Jahre später wieder entlassen werden sollte. Aber was mit Cienfuegos in jenen Tagen genau geschehen ist, konnte nie genau rekonstruiert werden.

Es hieß, Cienfuegos sei nach Havanna zurückgekehrt, habe sich der Verhaftung Matos widersetzt und mit Castro überworfen: Soldaten sollen seinen von Kugeln durchlöcherten Körper in einem Militärkrankenhaus gesehen haben. Es hieß auch, Cienfuegos sei von Fidels Bruder Raúl Castro liquidiert worden, und zwar auf einem kleinen Flugplatz, wo sein Flugzeug zwischengelandet war. Oder es hieß, an seinem Flugzeug sei Sabotage verübt worden. Es wurde sehr viel darüber geredet; jedenfalls tauchte Cienfuegos nie wieder auf. Sein Adjutant wurde einige Zeit später von einem Wachposten getötet. Der Leiter des Kontrollturms von Camaguey seinerseits floh in die Vereinigten Staaten. Am Tag, nachdem Cienfuegos verschwunden ist, versetzt Castro das ganze Land in Alarm. Gerüchte kommen auf. Man glaubt, ihn auf einer kleinen Insel wiederentdeckt zu haben; eine Falschmeldung; Pressekonferenz des »Lider Maximo«, der auf einer Karte den Kurs des Flugzeugs zeigt (der dem vom Kontrollturm angegebenen genau entgegengesetzt ist); öffentliche Reden werden gehalten, in deren Verlauf man die beiden Affären miteinander verbindet und Matos für das Verschwinden von Cienfuegos verantwortlich macht. Bei Demonstrationen im Winter 1959/60 sind überall Transparente zu sehen *»Fidel no olvides que por el traídor perdimos a Camilo* (Fidel, vergiß nicht, daß wir Camilo wegen des Verräters verloren haben)«. Fidels Hauptrivale in der Popularität war tot, der intelligenteste seiner möglichen politischen Gegner hinter Schloß und Riegel, und damit war der Weg frei zur absoluten Herrschaft.

Dieses Foto wurde in *Cuba*, Sondernummer »Los cien años de lucha«, Oktober 1968, mit folgender Bildunterschrift veröffentlicht: »Im Oktober verschwindet Camilo, nachdem er den Verräter Hubert Matos verhaftet hat, im Flugzeug, das ihn nach Havanna zurückbringen soll.« Mit einem Kommentar derselben Art ist das Foto auch abgebildet in: Antonio Nunez Jimenez, *En marcha con Fidel,* Havanna 1982.

»Che« und sein Gesicht

Ernesto Guevara, genannt »Che«, stammte aus Argentinien. In Mexiko schließt er sich der Gruppe um Castro an und landet mit ihm im Dezember 1956 auf Kuba. Im Revolutionskrieg als Comandante berühmt geworden, wird er nach 1959 Wirtschaftsminister. Da er den sowjetischen Absichten mit Mißtrauen begegnet und erhebliche Meinungsverschiedenheiten mit Fidel Castro hat, verschwindet er 1965 aus Kuba. Er geht nach Bolivien und stellt sich dort an die Spitze einer kleinen Guerillagruppe. Anfang Oktober 1967 wurde er von bolivianischen Militärs umzingelt und ermordet. Sein Tod war kaum bestätigt, da landete der italienische Verleger Feltrinelli in Havanna und forschte nach Dokumenten über den legendären Guerillero. Juan Vivès, damals Leiter der Presse- und Informationsabteilung im Außenministerium, wurde von Fidel Castro beauftragt, Feltrinelli behilflich zu sein. Bei der Suche in Vivès' Archiv kam zufällig ein Foto von der Gedächtnisfeier für die Matrosen des französischen Frachters La Coubre zum Vorschein, der im März 1960 explodiert war, als er gerade eine Ladung Waffen nach Cuba brachte – ein Sabotageakt des CIA. »Es war ein Foto, das ich aus der Menge heraus auf große Entfernung aufgenommen hatte«, berichtet Vivès später, »mindestens fünfzig Menschen hatten sich auf der Tribüne um Fidel Castro herum aufgestellt. Jedenfalls war es wohl nie veröffentlicht worden: Darauf waren mehrere Personen zu sehen, die später ins Exil gingen, andere, die ins Gefängnis kamen, und wieder andere, die erschossen wurden. Aber in der Gruppe war Che zu erkennen. Und man entschied sich für dieses winzige Detail. Durch einen Abzug auf besonders kontrastreichem Papier wurde es überdimensional vergrößert. Feltrinelli nahm das Foto mit und verkaufte es in der ganzen Welt. Es wurde millionenfach reproduziert, als Plakette, als T-Shirt und vor allem als Plakat.«

1. »Weiter bis zum Sieg!«, Plakat des Komitees »Gerechtigkeit für Cuba«, Kanada 1967.
2. »Plakat der Organisation für Solidarität mit den Völkern Asiens, Afrikas und Lateinamerikas (*OSPAAL*), 1968.
3. Tag des heldenhaften Guerilleros, 8. Oktober, Plakat der *OSPAAL* zur ersten Wiederkehr des Todestages von Guevara, 1968.

DIA DEL GUERRILLERO HEROICO 8 DE OCTUBRE
JOURNEE DU GUERILLERO HEROIQUE 8 OCTOBRE
DAY OF THE HEROIC GUERRILLA OCTOBER 8
يوم المغاور الباسل ٨
OSPAAAL

Ein explosives Foto

November 1971. Fidel Castro befindet sich auf einer triumphalen Rundreise durch Chile. Eingeladen hatte ihn Salvador Allende, der seit 1970 Präsident der »Unidad popular« war. Sein dreiwöchiger Besuch wird von der kubanischen Presse als »symbolträchtige Begegnung zweier historischer Prozesse« gefeiert. Am 10. November legt er am Denkmal von General Bernardo O'Higgins, der mit der Schlacht von Maipu (5. April 1818) die chilenische Unabhängigkeit bekräftigt hatte, einen Kranz nieder. An Castros Seite die Vertreter der Militärhierarchie. In dem großen gebundenen und mit Abbildungen versehenen Buch *Cuba–Chile,* das die kommunistische Partei Kubas einige Wochen später herausgibt, sieht man Fidel Castro auf mehreren Fotos in Begleitung eines damals unbekannten Generals.
22 Monate nach Castros Besuch übernimmt in Chile eine Militärjunta die Macht, ermordet Allende sowie Tausende von Männern und Frauen. Rasch taucht aus dieser Junta die Gestalt des Generals Augusto Pinochet auf, der sich bald »als oberster Führer der Nation« bezeichnen läßt. Und in den Augen der ganzen Welt wird Pinochet zum neuen Symbol »rechter« Diktaturen in ganz Lateinamerika. Dieses Foto von der Begegnung zwischen dem »linken« Diktator und dem zukünftigen »rechten« Dikator ist offensichtlich ein außergewöhnliches Dokument. Man stelle sich das nachträgliche Erschrecken der in Kuba mit der Zensur beauftragten Beamten vor, als sie sich dieses Bildbandes erinnerten. Jedenfalls haben sie ihre Sache gut gemacht: Das Buch wurde geschwind aus dem Handel gezogen und ist in kubanischen Buchhandlungen wie in öffentlichen Bibliotheken absolut unauffindbar.

10. November 1971; veröffentlicht in *Cuba–Chile,* Havanna 1972.

Die sowjetische Tradition

Weder Stalins Tod noch die darauffolgende »Entstalinisierung« führen zur Beendigung des Systems der Bilderzensur. Chruschtschow selbst profitiert davon und läßt, nachdem er für die große Säuberung der Stalinschen Ikonographie gesorgt hat, einige seiner Rivalen wegretuschieren. Erst einmal kaltgestellt, verschwindet auch er plötzlich wieder aus Büchern und Zeitschriften. Seinem Nachfolger Leonid Breschnjew wird seinerseits ein vorbildliches Leben in retuschierten Bildern zuteil. Und diese Bilder dienen zur Illustration seiner eigenen Werke, die ihm den Lenin-Preis für Literatur einbringen.
Wie unter Stalin erfindet die Partei auch weiterhin ihre »Männer aus Marmor«, ihre Helden der Arbeit, ihre Pioniere auf bisher unbetretenem Terrain, ihre Forscher, Ingenieure und Entdecker, deren üppige und wissenschaftlich aufbereitete Ikonographie uns die Gesichter, Gesten und denkwürdigen Taten von Helden schildert, die manchmal gar nicht existiert haben. Die jugendliche Frische, die die offiziellen Porträts der Sowjetführer lange Zeit zur Schau trugen, obgleich man wußte, daß sie alt und krank waren oder gar im Sterben lagen, bot Stoff für viele komische Geschichten, die unter den Sowjetbürgern von Mund zu Mund gingen. Weniger bekannt sind die zahlreichen Retuschen, mit denen die Fotografien jener Überhelden behandelt wurden, als welche die Kosmonauten angesehen werden sollten. Ähnliches vollzog sich auch in anderen Bereichen wie im Sport, bei der Armee, in der Folklore, in der wissenschaftlichen Forschung oder bei der wirtschaftlichen Erschließung Sibiriens. Desgleichen wurden die Bilder aus dem Leben mehrerer Schriftsteller – Majakowski, Essenin, Pasternak – umgemodelt, während diejenigen berühmter Dissidenten – Alexander Solschenizyn, Mtislaw Rostropowitsch – vollkommen verschwanden.

Ein Heldenleben

12. April 1961. Verblüfft nimmt die Welt zur Kenntnis, daß ein Mensch erstmals ins All eingedrungen ist und die Erde umkreist hat. Bald bekommt man das sympathische Gesicht des Piloten Juri Gagarin, 27, verheiratet und Vater zweier Kinder, zu sehen. In den Reportagen, Broschüren und Büchern, die fortan über ihn erscheinen, entdeckt man eine beträchtliche Anzahl retuschierter Fotos. Das zurückliegende Leben des neuen Helden der Sowjetunion wurde sorgfältig überarbeitet, gesäubert und korrigiert (1/2/3). Gleichfalls wurde jede seiner Handlungen aufmerksam beobachtet. So hat man von einem Foto, das bei seinem jubelnden Empfang in Moskau entstanden war (4), eine wünschenswertere Version abgezogen: Die in Schatten versinkenden Augen sind nachgezeichnet und aufgehellt, der halb geöffnete Mund geschlossen (5). Ein anderes Zeichen dieser verschönernden Manipulation ist das Foto von Gagarins Frau, das den Bildunterschriften zufolge zur Zeit des Weltraumfluges aufgenommen wurde. Von einer Version zur anderen verändern sich die Details (Hals, Schatten, Hintergrund). Schließlich war auch Nikita Chruschtschow häufig mit Gagarin zusammen zu sehen. Aus späteren Bildbänden ist Chruschtschow allerdings verschwunden, geblieben ist nur Leonid Breschnjew, der den ersten Kosmonauten umarmt und mit Orden dekoriert.

1, 2, 3. Juri Gagarin, *Doroga v'kosmos* (Der Weg des Kosmos, Titel der französischen Übersetzung: *Le chemin des étoiles)*, Moskau o. J. (um 1962). Außerdem in: *Un Soviétique dans l'espace,* Moskau o. J.
4. *K zvezdam – To the stars,* Moskau 1982.
5. J. Gagarin, op.cit.
6. *K zvezdam,* op. cit.
7. J. Gagarin, op.cit.

Requiem für die Kosmonauten

Einige Wochen nach der Glanzleistung Gagarins versammeln sich neun sowjetische Astronauten um den Leiter des Raumprogramms Sergej Korolew (1906–1966) herum und posieren für ein ganz offizielles und gewöhnliches »Familienporträt«. Der berühmteste von ihnen, Juri Gagarin, ist auch darauf zu sehen (2. sitzend von links). Er war schon im All, alle anderen sollten ihm nachfolgen.
1968, als Gagarin gerade bei einem Flugzeugunglück umgekommen war, stellt ein Bildband die ersten Etappen der sowjetischen Weltraumeroberung in Bildern dar. Das besagte Foto wird hier wieder abgedruckt. Dieselbe Gruppe, dasselbe Lächeln, doch einer fehlt, er hat sich hinten in der Wand aufgelöst. Es ist Wladimir Komarow, der vier Jahre davor Pilot von *Woschod 1* war, dem siebten bemannten Raumschiff der Sowjetunion. Gestartet war er noch unter Chruschtschow mit dem Arzt Egorow und dem Ingenieur Feotkistow (die »Troika des Weltraums« genannt) und am übernächsten Tag – dazwischen lag der sowjetische Machtwechsel – unter Breschnjew (12.–14. Oktober 1964) zurückgekehrt. Offiziell soll er drei Jahre später im Dienst umgekommen sein, nämlich am 24. April 1967, nachdem er von einem Flug von *Sojus 1* zurückkehrte. Warum hat man ihn wohl von dieser Aufnahme wegretuschiert? Es gibt eine einfache Erklärung: Als *Zu den Sternen* in der Ausgabe von 1968 erschien, war Gagarin gerade ums Leben gekommen. Kamarow selbst war schon ein Jahr tot. Zwei Tote in dieser kleinen Gruppe der berühmtesten »Helden der Sowjetunion« – konnte das Raumfahrtprogramm sich das erlauben? Um so schlimmer, als der Leiter der Raumflüge S. Korolew ebenfalls (1966) verstorben war...

1. Unsigniertes Foto, aufgenommen im Mai oder Juni 1961 in Sotschi. Erstveröffentlichung nicht bekannt. Wiederabgebildet in Jevgenij Riabschikow, *Les Russes dans l'espace,* Moskau 1971, Paris 1972. Hier handelt es sich vermutlich um folgende Personen: sitzend: Andryan Nikolajew, Juri Gagarin, Sergej Korolew, Boris Yegorow, Wladimir Schatalow, stehend: Pawel Popowitsch, Wladimir Komarow, German Titow und Walery Bykowsky.
2. In: *Vers les étoiles,* Moskau 1968.

Die geheime Geschichte des Raumprogramms

18. März 1965. Pawel Beljajew und Alexej Leonow, die beiden Kosmonauten der Mannschaft von *Woschod 2,* werden im Bus zu ihrem Raumschiff gebracht. Der älteste von ihnen, Wladimir Komarow, begleitet sie bis zum Start. Hinter ihnen sieht man einen seiner Kollegen, der die gleiche Uniform trägt. In einer späteren Version des Fotos ist dieser Mann verschwunden. Jahre danach (1978) wird er als ein gewisser »Dimitri« identifiziert, der der Bodenmannschaft beim Raumflug von *Woschod 2* angehört hatte und der dann 1969 »ernsthafte gesundheitliche Probleme« gehabt haben soll.
Das sowjetische Raumfahrtprogramm hat eine offizielle, heroische und eine geheime, tragische Geschichte: Katastrophe in der Gegend von Baikonur im Oktober 1960 (40 Tote unter den führenden Köpfen des Programms), weitere Unglücksfälle im April 1967 (Tod Komarows und möglicherweise anderer Besatzungsmitglieder) und im Juni 1971 (Erstickungstod der Mannschaft von Sojus 11), Start- oder Steuerungsversagen, schwerwiegende Kontrollstörungen (November 1967, April 1968, Juni 1969, November 1969, April 1971, Juni 1971, Juli 1972, April 1973, Mai 1973, August 1974, April 1975, Oktober 1976, August 1977, Oktober 1977, April 1978, April 1979...). Und selbst nach offiziellen Eingeständnissen sollen sechs bis acht Männer beim Training umgekommen sein.
Viele sowjetische Raumschiffe starteten, ohne daß man je die Namen der Besatzung erfuhr, und ohne daß man je auch nur das kleinste Foto vom Start oder vom Inneren des Raumschiffes zu sehen bekam (das betrifft vor allem die *Sajut*-Reihe). Schließlich wurden verschiedene Kosmonauten aus dem Programm entfernt, doch hörte man nie warum, noch was aus ihnen wurde.

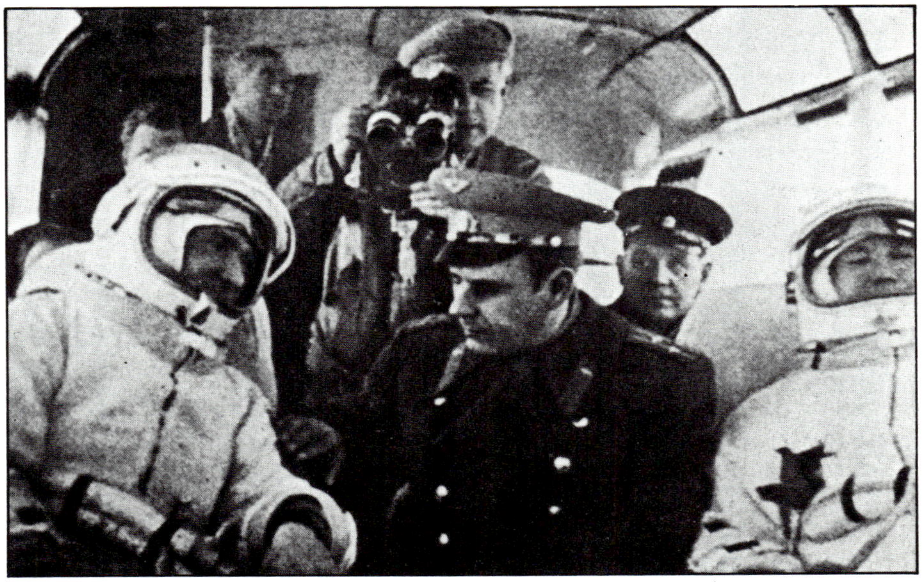

1. 18. März 1965. Verbreitet von TASS.
2. In dieser Form Neuveröffentlichungen in den Büchern der Reihe *Zu den Sternen,* 1968, und folgenden. Ein sehr ähnliches Foto befindet sich in *K zvezdam* (1982).

Zwei Seiten einer Medaille

Im Mai 1963 wird Fidel Castro in der Sowjetunion empfangen, wo er mit einigen Orden ausgezeichnet wird, z. B. mit dem eines »Helden der Sowjetunion« oder mit dem »Lenin-Orden«. Eines der Fotos, das damals vom sowjetischen Pressedienst aufgenommen und (schon leicht retuschiert) an die Kubaner weitergegeben wurde, zeigt Fidel Castro, wie er dem Generalsekretär der kommunistischen Partei Nikita Chruschtschow und Leonid Breschnjew, damals noch Vorsitzender des Präsidiums des Obersten Sowjets, gegenübersteht. Aber auf der im selben Jahr in der Sowjetunion erschienenen Fassung ist Chruschtschow mit Castro alleine. Vielleicht ist der ehrgeizige Politiker Breschnjew auf Anordnung des mißtrauischen Chruschtschow wegretuschiert worden. Sicherlich eine Vorahnung, denn ein Jahr darauf wurde er von Breschnjew gestürzt, der dann 18 Jahre lang unangefochten die UdSSR regieren sollte und die Invasionen in der Tschechoslowakei (1968) und in Afghanistan (1979) zu verantworten hatte.

1. Datiert auf den 23. Mai 1963, Moskau. In: *Viva Cuba!*, Havanna 1963.
2. In: *Piat le kubinskoi Revolutsii* (Die kubanische Revolution wird fünf Jahre alt), Moskau 1963.

Беседа Л. И. Брежнева с В. Брандтом

ЯЛТА, 17. (ТАСС). Сегодня в районе Ореанды состоялась продолжительная беседа между Генеральным секретарем ЦК КПСС Л. И. Брежневым и Федеральным канцлером ФРГ В. Брандтом. В ходе беседы были затронуты актуальные вопросы развития отношений между Советским Союзом и Федеративной Республикой Германии и международные проблемы, представляющие взаимный интерес, в особенности вопросы укрепления европейской безопасности. Беседа будет продолжена во второй половине дня.

Lob der Nüchternheit

Oreanda bei Jalta auf der Krim, im September 1971. Willy Brandt trifft Leonid Breschnjew, den Generalsekretär der Kommunistischen Partei.
Es wird viel geraucht, die Aschenbecher quellen über. Es wird auch viel getrunken, der Krimsekt schäumt: eine herzliche, lockere Atmosphäre.
Zu gegebener Zeit werden die Fotografen hereingelassen. In der deutschen Presse sieht man dann Flaschen, Zigarettenschachteln, volle Aschenbecher sowie Breschnjews hervorschauende Manschetten. Auf der Aufnahme in der *Prawda* hat man dagegen aufgeräumt, allzu auffällige Flaschen und Kippen vom Tisch genommen, andere simple Details eliminiert und damit das Treffen wieder zu einem würdigen, freundlichen Dialog gemacht.

1. 18. September 1971, Oreanda. Süddeutscher Verlag.
2. In: *Prawda*, 19. September 1971.

ЛЕНИН

ЛЕНИН

Пролетарии всех стран, соединяйтесь!

Коммунистическая партия Советского Союза

ПРАВДА

Газета основана 5 мая 1912 года В. И. ЛЕНИНЫМ

Орган Центрального Комитета КПСС

№ 122 (22187) • Среда, 2 мая 1979 года • Цена 3 коп.

Вчера советский народ, все прогрессивное человечество широко и торжественно отметили 1 Мая — День международной солидарности трудящихся всех стран в борьбе против империализма, за мир, демократию и социализм.

Первомай вылился в яркую демонстрацию нерушимой дружбы и сотрудничества народов нашей великой Родины, тесной сплоченности советских людей вокруг ленинской Коммунистической партии, их непреклонной воли успешно выполнить решения XXV съезда КПСС, планы и обязательства десятой пятилетки.

Heimlicher Aufruhr beim 1. Mai

Daß die offiziellen Fotos von sowjetischen Zeremonien meist Mosaikgebilde oder aber szenarische Umarbeitungen sind, zeigt – wie im Rahmen einer Beweisführung gegen den Strich – die folgende Begebenheit, die sich 1979 zutrug. Am Tag der Parade zum 1. Mai hatte jedermann die sowjetischen Staats- und Parteiführer auf der Galerie des Mausoleums gesehen, nach vorgegebener Ordnung in einer Reihe stehend.
In der Ausgabe der Abendzeitung *Wechernaja Moskwa* (Moskauer Nachrichten) von jenem Tag zeigt das Foto von der Tribüne zwar die schöne Reihenfolge Breschnjew, Kossygin, Suslow, Grischin, Gromykow, aber man ist völlig verblüfft, wenn man dann entdeckt, daß Andrej Kirilenko, Mitglied des Politbüros und einer der sogenannten »Thronfolger« Breschnjews, den alle zwischen Suslow und Breschnjew gesehen haben, verschwunden ist. Getuschel in den Vorzimmern, Gefühlsausbrüche in den Botschaften, Gerüchte in den Presseagenturen: In diesem Zeichen will man bereits das aufsehenerregende Echo eines Machtkampfes oder eines heimlichen Streits in der Führungsspitze, ja sogar eine gewaltsame Ausschaltung des mutmaßlichen Thronfolgers erkennen. Man ruft sich die jüngsten Ereignisse ins Gedächtnis, nämlich den Kampf zweier Fraktionen (es gibt immer zwei Fraktionen, die bereit sind, sich gegenseitig zu verschlingen). Einigen fällt auf, daß man durch diesen Trick Viktor Grischin, Oberhaupt der Parteiorganisation für die Stadt Moskau, näher an Breschnjew gerückt hat – und spekuliert über die Zukunft dieses vermeintlich neuen Thronfolgers.
Die Geheimnisse halten nicht lange an: die *Moskowskaja Prawda* vom 2. Mai veröffentlicht nochmals das offizielle Foto mit Andreij Kirilenko an seinem angestammten Platz. Auch Breschnjew und Gromyko sind geblieben und machen dieselbe erstarrte Geste (sollte es sich bei ihnen um die Montage zweier Fotos handeln, die in verschiedenen Augenblicken aufgenommen wurden?); doch hat man Kirilenko wieder auf seinen alten Platz zwischen Suslow und Grischin gesetzt. Dennoch scheint es, daß der Retuscheur sein Original nicht vollständig verwenden konnte, vielleicht, weil das Negativ beschädigt war. Also wählte er ein anderes Foto mit Grischin aus, das beim selben Anlaß entstanden war (er trägt an der Knopflochleiste das traditionelle rote Band des 1. Mai), und dann eine andere Aufnahme des Zweigespanns Kossygin-Suslow, die aber zweifelsohne vom Beginn der Feierlichkeit stammt (sie tragen das traditionelle rote Band noch nicht an der Knopflochleiste): Die Retusche ist nicht perfekt, und sogar Breschnjews Schulter hat darunter gelitten. Die nationale *Prawda* zieht dagegen die Veröffentlichung einer anderen Aufnahme dieser Zeremonie vor.

1. In: *Wechernaja Moskwa*, 1. Mai 1979.
2. In: *Moskowskaja Prawda*, 2. Mai 1979.
3. In: *Prawda*, 2. Mai 1979.

Die ewige Jugend des Staatsporträts

Im Januar 1980 begleiten westliche Journalisten Jacques Chaban-Delmas, den damaligen Präsidenten der französischen Nationalversammlung, nach Moskau. Auf ihren Fotos ist das Gesicht von Leonid Breschnjew während der offiziellen Unterredung zu sehen. Ein kranker alter Mann, dessen schlaffer Hals zwischen den Schultern versinkt. Er wirkt ein wenig wie eine Wachsfigur. Sein Mund ist geöffnet, als wolle er nach Luft schnappen, den Augen fällt es schwer, zwischen den schlaffen Lidfalten hervorzuschauen. Die offiziellen Porträts desselben Jahres, die von der Agentur Tass verbreitet wurden und auf den Titeln von Broschüren oder von Breschnjews »literarischen« Werken prangten, zeigen eine Art zusammengesetztes Bild, das uns kraft seiner Retuschen und Übermalungen einen Menschen vorführt, der in der Vitalität eines Fünfzigjährigen auf ewig erstarrt zu sein scheint. In den Augenwinkeln sind kleine Fältchen sichtbar, gleich einem Zeichen männlicher Noblesse, doch sonst ist das Gesicht glatt, fest und ernst. Möglicherweise ging man von einem Foto Breschnjews aus, das 20 oder 30 Jahre vorher aufgenommen worden war. Und trotzdem soll an einen Breschnjew aus dem Jahr 1980 geglaubt werden, denn das Foto ist genau datiert: Man scheute nicht einmal die Mühe, an seiner rechten Jacketthälfte die goldene Joliot-Curie-Friedensmedaille und die Medaille des Lenin-Literatur-Preises anzubringen, die ihm erst 1975 bzw. 1979 verliehen worden waren.

1. Offizielles Porträt, 1980.
2. Foto von Arnaud de Wildenberg, Agentur Gamma, Paris.

Wenn die Methoden exportiert werden

Es wäre naiv zu glauben, daß der aufmerksame Nachweis der in den totalitären Staaten praktizierten historischen Fälschungen die übrige Welt jemals vor dem gleichen Übel schützen könnte. Ist eine »gefrorene« fotografische Information, die völlig frei von Hinterabsichten wäre, überhaupt vorstellbar? Beeinflussung, Propaganda und Desinformation kennen keine Grenzen und entfalten sich oft genug abseits von den Zentren, in denen ihre Methoden ausgefeilt wurden. Die Kriegspropaganda ist ein gutes Beispiel; aber unabhängig davon stößt man auf getürkte Fotos und historische Fälschungen überall dort, wo die Methoden der totalitären Propaganda Nachahmung finden, und in allen Ländern, wo Bilder um der politischen Einflußnahme, Steuerung oder Erpressung willen verdreht werden: Und manchmal kann sogar für Journalisten oder Historiker, deren Hauptsorge nicht einmal unbedingt die Politik ist, die Versuchung verlockend sein, ein Bild »zurechtzumachen«, um so die jeweils gewünschte Veranschaulichung hervorzubringen. Die Manipulation der Bilder wirft ebenso viele moralische Probleme auf wie die Manipulation der geschriebenen oder gesprochenen Sprache: Eine simple Ausschnittvergrößerung in der Presse kann die Bedeutung eines Bildes völlig verändern.

Wir wollen daher einige Beispiele von verschiedenen Formen solcher Verkehrung präsentieren. Natürlich lassen sich in der Presse oder in den Geschichtsbüchern der sogenannten freien Welt noch unzählige andere Fälle von Bildmanipulationen entdecken, von irreführenden oder schlichtweg falschen Bildunterschriften, von Retuschen, Herauslösungen und Montagen. Aber nimmt man die Kriegspropaganda einmal aus, die in Zeiten entsteht, in der das Funktionieren einer Demokratie sowieso gestört ist, so unterscheiden sich die Bilder von denjenigen, die von totalitären Mächten verbreitet werden, dennoch in ihrem Stellenwert und in ihrer Bestimmung. Zunächst sind sie nicht die Emanation einer unumschränkten Macht, auch nicht die alleinigen Informationsquellen und Verbreitungsmedien. Schließlich sind sie, nachdem sie einmal in Umlauf gekommen sind, Vergleichen, Analysen und der Kritik zugänglich, können durch Journalisten, Historiker und politischen Opponenten widerlegt und auf lange Sicht manchmal sogar von ihren eigenen Autoren denunziert werden.

Hitler tanzt

21. Juni 1940. Compiègne. Hitler hat soeben die Kapitulation der französischen Armee entgegengenommen und nähert sich einer Gruppe von Nazi-Offizieren. In der britischen und amerikanischen Wochenschau können Millionen Zuschauer in den nächsten Tagen folgende unglaubliche Szene sehen: Hitler führt ein fröhliches Tänzchen auf. Die Wahrheit kam erst nach dem Krieg heraus. John Grierson leitete im Krieg die Informations- und Propagandabehörde in Kanada. Als er den Filmausschnitt in die Hände bekam, fiel ihm auf, daß Hitler das

Bein während der Szene einmal ziemlich hoch hob. Es war eine kurze Bewegung. Aber Grierson hatte den Einfall, diese äußerst kurze Sequenz in mehrere Einzeleinstellungen zu vervielfältigen; so gewann man den Eindruck, Hitler spränge vor Freude hin und her. Diese Tanzeinlage hatte einen außergewöhnlichen Propagandaeffekt und steigerte den Zorn des Publikums in den gegen Hitler verbündeten Ländern.

Filmsequenz aus der deutschen Wochenschau, weiterverbreitet in dieser getürkten Form in der Serie *World in action* (National Film Board, Ottawa, 1940).

Die Meister des Kriegsfotos

Einige sehr berühmte Aufnahmen aus dem Zweiten Weltkrieg haben nur äußerst entfernte Bezüge zur historischen Wahrheit. Das ist z. B. der Fall bei »der Einnahme von Tobruk«, einer ergreifenden Inszenierung, die einige Tage nach der Schlacht mit Hilfe von Nebelbomben (Oktober 1942) organisiert worden war. Signiert ist die Aufnahme von Unteroffizier Chetwyn, einem der fleißigsten Mitarbeiter der berühmten britischen »Army Film and Photographic Unit«. Die Fotografengruppe Chetwyns, die den Spitznamen »Chet's circus« trug, produzierte zahlreiche spektakuläre Aufnahmen, die beim Kriegsministerium und den britischen Propagandaämtern stets Gefallen fanden, unter anderen Fotografen aber Entrüstung hervorriefen.
Um der deutschen Propaganda zu begegnen, zögerten die Alliierten nie, künstliche Inszenierungen und Fälschungen zu verbreiten. So war die britische Illustrierte *Parade* von der Armee lanciert worden, um der deutschen Zeitschrift *Signal* Paroli zu bieten. 1943, als die Deutschen sich allerorten zurückziehen müssen, zeigt das Titelbild von *Parade* einen geschlagen wirkenden deutschen Soldaten; die dazugehörige Bildunterschrift lautet »Herrenrasse«. Derek Knight, Assistent John Griersons und später Alberto Cavalcantis, arbeitete damals bei der »Army Film and Photographic Unit«. Von ihm erfahren wir, daß der deutsche Soldat auf dem Titel von *Parade* in Wirklichkeit die häßlichste Figur war, die sich auf den Straßen von Kairo auftreiben und in eine uniformähnliche Verkleidung stecken ließ.

1. »Der Angriff auf Tobruk«, Foto der AFPU, November 1942.
2. In: *Parade* Nr. 143, Bd. 11, 8. Mai 1943.

Eliminierung eines Verräters

VISITE DE MEMBRES DU BUREAU POLITIQUE ET DE MILITANTS COMMUNISTES AU MUSÉE D'ART FRANÇAIS, A L'EXPOSITION

VISITE DES MEMBRES DU BUREAU POLITIQUE ET DE MILITANTS COMMUNISTES AU MUSEE D'ART FRANÇAIS A L'EXPOSITION DE 1937

In Maurice Thorez' *Fils du peuple* bestehen zwischen der Ausgabe von 1937 und der von 1949 einige erstaunliche Abweichungen. Zunächst im Text: Stalin, dem der französische KP-Führer zunächst nur wenige überschwengliche Kapitel seines Buches widmete, nahm plötzlich eine außerordentliche Breite ein, wohingegen Thorez' Schilderungen von Begegnungen mit den Opfern der Moskauer Prozesse verschwanden; sodann in der Ikonographie: Ein Gruppenfoto zeigte 1937 den Besuch von Mitgliedern des Politbüros der Kommunistischen Partei im Museum für französische Kunst bei der Weltausstellung von 1937. Zwölf Männer stehen in einer Reihe. In der Version von 1949 sind es nur noch elf. Man machte einen Schnitt in das Foto, ließ den Unerwünschten in die Falle gleiten und zog die Reihe enger zusammen, indem man die Ränder aneinanderfügte. Bei späteren Auflagen verschönerte man das erbauliche Gruppenbild noch dadurch, daß man Duclos näher an Thorez heranrückte: Fortan ist die Gruppe wie aus einem Guß. Der kleine Herr mit Schmerbauch, der seinem Nachbarn Thorez recht ähnlich sah, war niemand anderes als Marcel Gitton, dessen fotografisches Schicksal die exakte Übertragung seines wirklichen Lebens darstellte. Als Sekretär des Zentralkomitees und Abgeordneter war er bis 1939 einer der Hauptführer der Partei. Er brach mit ihr nach dem deutsch-sowjetischen Nichtangriffspakt und wurde alsbald nach einer schon hinlänglich erprobten Methode von seinen Genossen als »eingeschleuster Polizist« denunziert. Nachdem er sich, in den Fußstapfen Doriots, an der Kollaboration beteiligte, wurde er im September 1941 von einer »Sonderorganisation« der Partei erschossen, die sich, Auguste Lecœur zufolge, der »Wiederbeschaffung« von Geldern, der Lebensmittelversorgung, dem Schutz von Aktivisten und der Hinrichtung von »Verrätern« angenommen hatte.

1. In: Maurice Thorez, *Fils du peuple,* Paris 1937.
2. In: *Fils du peuple,* Ausgabe von 1949; Neuauflage 1970. Außerdem in V. Sédykh, *Trois vies, Marcel Cachin, Maurice Thorez, Jacques Duclos,* Moskau 1981.

»Ich bringe mich nicht um!«

Im Juli 1929 posiert Maurice Thorez – er war gerade von der Polizei unter dem Vorwand »der Anstiftung von Soldaten zum Ungehorsam mit dem Ziel der anarchistischen Propaganda« verhaftet worden – in einem Gefängnishof der Santé für die Kamera. Um ihn herum befinden sich Pierre Lacan, Gabriel Péri, Paul Vaillant-Couturier, André Marty und einige andere. Das Foto, das in der 1949 erschienenen Ausgabe von *Fils du peuple* abgebildet ist, findet sich auch noch in der von 1954, obgleich mit verschiedenen Veränderungen. Um Thorez herum sind jetzt nur noch drei Leute zu sehen. Derjenige links von Thorez, André Marty, ist verschwunden.
Zwischen den beiden Fassungen dieses Fotos ereignete sich die Affäre Marty (1952). André Marty war im Spanischen Bürgerkrieg Generalinspekteur der internationalen Brigaden. Seine dortige Rolle war sehr umstritten: Von den Anarchisten »der Schlächter von Albacete« genannt, von Hemingway in *Wem die Stunde schlägt* als Massenmörder geschildert, scheint er vor allem ein folgsamer Agent Stalins gewesen zu sein. Nach der Befreiung wird er Nummer drei der Kommunistischen Partei Frankreichs. Zum Generalsekretär hat er schlechte Beziehungen: Nach einem Parteiausschlußversuch im Jahre 1947 erfolgte 1952 der Generalangriff. Die ganze Affäre wird in Paris von Duclos geleitet, aber zweifellos von Moskau aus durch Thorez organisiert, der sich dort zur medizinischen Behandlung aufhält. Nach einem inquisitorischen Verfahren wird er aus der Partei ausgeschlossen. Marty appelliert an Stalin, der natürlich nicht antwortet. Um ihm den Rest zu geben, erscheint Anfang Januar 1953 ein Artikel von Etienne Fajon auf der Titelseite der *Humanité* mit der Überschrift »Martys Verbindungen zur Polizei«. »Ich bringe mich nicht um!« hatte Marty an Duclos geschrieben, als die Affäre ihren Höhepunkt erreicht hatte. Aber der »unbeugsame« Marty war bereits moralisch und politisch tot: Drei Jahre später starb er, nachdem er sich vergeblich zu verteidigen versucht hatte.

1. In: Maurice Thorez, *Fils du peuple*, Ausgabe von 1949.
2. In: *Fils du peuple*. Ausgabe von 1954. Das Foto verschwindet aus den späteren Auflagen (1960, 1970).

Besichtigung eines Bergwerks

In der zweiten Auflage von *Fils du peuple* wurden einige Kapitel verändert und einige Bilder hinzugefügt, insbesondere das von einem Besuch Thorez' in den nordfranzösischen Bergwerken im Jahre 1946 – er war damals Vizepräsident des Ministerrates während der ersten Präsidentschaft von General de Gaulle. Er posiert inmitten mehrerer Kommunisten, unter ihnen Auguste Lecœur, Abgeordneter des Pas-de-Calais und Unterstaatssekretär für Bergbau und Kohle. In der 1960 erschienenen Ausgabe von *Fils de peuple* wurde dasselbe Foto abgebildet, doch machte man eine Ausschnittvergrößerung von Thorez, wodurch die rechte Bildhälfte mit zwei weiteren Personen wegfiel. Mittlerweile ist Auguste Lecœur, das Hätschelkind der Partei, als »opportunistisch«, »autoritär« und »dogmatisch« denunziert und 1954 kaltgestellt worden. Er »wollte mich begraben, bevor ich tot war«, soll Thorez gesagt haben. Also ließ man Lecœur verschwinden, indem man Thorez ganz einfach in den Bildmittelpunkt setzte.

1. In: Maurice Thorez, *Fils du peuple,* Ausgabe von 1949.
2. In: *Fils du peuple,* Ausgaben von 1954 und 1960.

Prag – von einem Jahr zum anderen

Die Wochenzeitschrift *Paris-Match* veröffentlichte am 12. November 1949 zwei Fotos unter dem Titel »Todesurteil in Prag«. Sie sollen in dem Augenblick aufgenommen worden sein, als vor einem Gericht die Todesurteile für sechs Menschen verkündet wurden, die der Verschwörung angeklagt waren. Zu dieser Zeit hatte die Säuberung in der Tschechoslowakei ihren Höhepunkt erreicht, wie übrigens auch in anderen Volksrepubliken (Rajk-Prozess in Budapest, Kostov-Prozeß in Sofia). »In dem Augenblick, in dem der Lautsprecher der ›Volksjustiz‹ das Todesurteil für die Angeklagten verkündet, fallen die Frauen auf dem Prager Pflaster auf die Knie. Selbst die Milizen, die die Menschenmenge im Zaum halten sollen, sind gerührt und knien nieder.« So lautet der Bildkommentar in der Zeitschrift. Doch war dieses Foto recht unwahrscheinlich: 1949 hatte der Staat die Polizei vollkommen in der Hand, und Straßendemonstration waren unvorstellbar. Dennoch hatte das Bild große Resonanz und fand internationale Verbreitung; bis zu dem Tag, an dem die kommunistische Tageszeitung *Ce Soir* bewies, daß dieses Bild einer anderen Aufnahme merkwürdig ähnelte, die bei der Beisetzung des tschechischen Präsidenten Eduard Beneš im Vorjahr (3. September 1948) entstanden war. So gab *Paris-Match* den Mißbrauch zu. Aber der Sinn dieser Täuschung ist zweideutig. Die internationale Agentur News Photos hatte von einer tschechoslowakischen Agentur Fotos angefordert, die die Auswirkungen des Prozesses von 1949 illustrieren sollten, und hatte dafür diese Aufnahme erhalten. War es ein Beeinflussungsversuch seitens der tschechischen Geheimdienste oder der Protestakt eines Journalisten der Agentur? »Am schwerwiegendsten erscheint uns dabei, daß niemand, nicht einmal *Ce Soir*, dem widerspricht, daß die weinende Frau im Vordergrund einer niedergeschlagenen Menschenmenge das Bild der Tschechoslowakei verkörpert«, kommentierte der *Paris-Match*.

1. In: *Paris-Match* Nr. 27, 24. September 1949. Angriffe in *Ce Soir*, 22. Oktober 1949. Antwort in *Paris-Match* Nr. 34, 12. November 1949.

RUE DE CHARONNE
LIGNE N° 9
METRO
METRO

Gummiknüppelgeschichten

8. Februar 1962. In Paris findet eine große Protestdemonstration gegen die Anschläge der OAS statt, zu der die linken Parteien aufgerufen haben. Die Polizei wirft den Aufstand mit entsetzlicher Brutalität nieder. Am Metro-Eingang Charonne werden neun Tote geborgen, unter ihnen zwei Frauen und ein Junge, die größtenteils Mitglieder der Kommunistischen Partei sind. In *Au rythme des jours,* einer Sammlung von Dokumenten und Erinnerungen Benoît Frachons, der von 1945 bis 1975 der kommunistischen Gewerkschaft CGT vorstand, zunächst als Sekretär, dann als Vorsitzender, befindet sich ein Foto, das zweifelsohne am Abend des Massakers aufgenommen worden war. Nahe dem Metro-Eingang Charonne erkennt man Schuhe und verschiedene Überbleibsel. Aber dieses Foto, das aussagekräftig genug ist, sollte nicht genügen: Hinzugefügt wurde eine menschliche Gestalt, die ausgestreckt auf dem Bürgersteig liegt, sowie einen Polizisten mit Helm und Gummiknüppel. Doch ist die Technik dieser beiden Retuschen ziemlich grob und bleibt nicht unbemerkt.
Eine Demonstration im Quartier Latin 1963. Polizisten gehen auf Studenten los. In der kommunistischen Wochenzeitung *La Terre* erscheint ein Foto, das sich von demjenigen, das eine Presseagentur verbreitet hatte, leicht unterscheidet: Man hat einem Polizisten einen Schlagstock in die Hände gegeben und logischerweise denjenigen am Gürtel eines anderen Polizisten wegretuschiert.

1. Benoît Frachon, *Au rythme des jours,* Bd. 2, Paris 1973.
2. Foto von Agence diffusion presse, 29. November 1963.
3. *La Terre* Nr. 998, Dezember 1963.

ETRANGER

La France attise le feu dans cette sale guerre...

Le massacre des indiens Mosquitos, farouchement anticastristes, par les « barbudos » socialo-marxistes du Nicaragua, au mois de décembre. Deux cents indiens furent hachés par les grenades et les armes automatiques. Ni les femmes ni les enfants ne furent épargnés.
Forte de 7 000 hommes à l'époque de Somoza, l'armée du Nicaragua en compte aujourd'hui 80 000. Le gouvernement de Managua veut y ajouter 200 000 miliciens.

A la fin du mois de décembre dernier des unités de l'armée marxiste nicaraguayenne ont effectué, au mépris des lois internationales, une incursion sur e territoire du pays voisin, le Honduras. Objecif de ce raid : attaquer, de l'autre côté du rio Coco, des tribus d'indiens Mosquitos, citoyens ondurééns vivant sur cette partie de la côte des araïbes qui porte leur nom.

Esquisse d'un génocide, doublé d'un règlement de compte : ces indiens Mosquitos sont arouchement anticastristes, et ont toujours déoué les tentatives d'infiltration des agitateurs enus de La Havane. Mais maintenant, les « barbudos » sont les « co[illegible]illers » et les insructeurs de l'armée socialo-[illegible]arxiste du Nicaragua, dont ils sont en train de faire la force la plus redoutable d'Amérique centrale, « *une uper-puissance à l'échelle de l'Amérique centrale* ».

C'est à ce pays que la France vient de vendre des vedettes, des hélicoptères, des roquettes qualifiées de « *non-réexportables* ».

Le gouvernement français a également qualifié ces armes de « *défensives* » mais cet armement conviendra parfaitement à des opérations offensives contre des tribus indiennes pratiquement désarmées. ■

En pages suivantes :
La dame de fer de la diplomatie américaine accuse les socialistes

Ein politischer Scheiterhaufen

Im Februar 1982 veröffentlichte das *Figaro magazine* doppelseitig und in Farbe die beeindruckende Fotografie eines Scheiterhaufens, auf dem Leichen zu erkennen sind. Unter dem Schocktitel »Frankreich schürt das Feuer«, der auf die politischen und wirtschaftlichen Abkommen zwischen der sozialistischen Regierung Frankreichs und der Regierung von Nicaragua anspielte, war folgende Bildunterschrift zu lesen: »Das Massaker an den streng anticastristischen Mosquito-Indios durch die sozialistisch-marxistischen ›barbudos‹ aus Nicaragua im Dezember. Weder Frauen noch Kinder wurden verschont.«
Ein Fotograf erkannte sofort ein von ihm aufgenommenes Bild wieder und protestierte: Man hatte eine Ausschnittvergrößerung gemacht und das Foto auf zwei Jahre später datiert. In Wirklichkeit handelte es sich um eine Leichenverbrennung, die während des nicaraguanischen Bürgerkriegs 1978 aus Hygienegründen von den Ärzten und Pflegern des Internationalen Roten Kreuzes vorgenommen worden war. Die Journalisten, die die Verfolgungen der Miskito-Indios (und nicht ›Mosquito‹) anprangern wollten, hatten eine Fälschung begangen, auf die Gefahr hin, daß nunmehr die Realität eines wirklichen Dramas angezweifelt werden konnte.
Der Fotograf machte dem Magazin einen Prozeß anhängig, den er auch gewann.

Le Figaro-Magazine, 6. Februar 1982.

Danksagung

An dieser Stelle möchte ich allen danken, die zu meiner Unterstützung beitrugen, mir Dokumente oder Informationen zukommen ließen, mir beim Übersetzen von Texten behilflich waren oder mich auf die Fährte von in Vergessenheit geratener Bilder brachten: Martine Aflalo, Jean-Michel Arnold, Francisco Arrabal, Bernard Barrault, Karel Bartosek, Pierre Boncenne, Michel Broué, Pierre Broué, Bernard Cap, Geneviève Chemin, Jean Chesneaux, Claude Clément, Jean-Pierre Cliquet, Jean-Louis Cohen, Jean-Noël Darde, René Dazy, Marielle Delorme, Corinne Deloy, Anne Demazure, Francis Déron, Milovan Djilas, Jean-Marie Doublet, Sonia Drean, Patrice Fava, Carlos Franqui, Alain Gesgon, Pierre Golendorf, Réal Jantzen, Françoise Jaubert, Karel Kaplan, David King, Claude Klotz, Pierre Langlade, Renata Leznick, Silvia Longhi, Giulio Macchi, Pauline de Margerie, Chris Marker, Betty Mialet, Carlos Alberto Montaner, Christine Mordret, Jean Moreau, Louisette Neil, Paul Neuburg, Carla Nicolini, Michel Petenaude, Georges Peltier, Roger Pic, Robert Pledge, Philippe Pons, Romano Prada, François Puyplat, Ariel Remos, Nadia Ringart, Philippe Robrieux, Francis Rumpf, Myriam Sicouri-Ross, David Smiley, Anne-Lise Stern, Ross Terrill, Pavel Tigrid, Armando Valladares, Juan Vivès, Pierre Wiazemski.
Hinzugefügt seien die Zeitschriften *Index of censorship* (London) und *Svědectví*, Paris; außerdem Produktion und Archive des »Institut national de la communication audiovisuelle« (INA) sowie folgende Bibliotheken: die des Centre de Documentation juive contemporaine (Paris), die Nationalbibliothek (Paris und Versailles), die Bibliothèque de Documentation internationale contemporaine (Nanterre) und die Library of Congress (Washington). Yuri Pachkoff leistete einen großen Teil der fotografischen Editionsarbeiten und entdeckte überdies mehrere unveröffentlichte Dokumente.
Schließlich sei noch all denjenigen gedankt, die hier nicht namentlich genannt werden können: den Journalisten, Bibliothekaren oder Fotografen, die, da sie in Ländern leben, die keine Freiheit kennen, beträchtliche Risiken auf sich genommen haben, indem sie mir Einlaß gewährten oder mir in Archiven verborgene Bilder und Dokumente zur Verfügung stellten.

Bildnachweis

Mit Ausnahme der hier nachgewiesenen entstammen alle Vorlagen zu diesem Buch den Sammlungen des Autors und wurden von ihm selbst reproduziert:
BDIC, Nanterre: 73 (1 und 2) – 96 (1 und 2) – 97 (2,3 und 4) – 160 (1) – 173 (2) – 174 (1 und 2) – 175.
Bibliothèque Nationale Paris: 18–20 (1 und 2) – 32 (2) – 58 (1) – 59 (6) – 65 (3 und 4) – 74 (1) – 90 (2) – 151 (1 und 2) – 172 (1 und 2).
Bibliothèque nationale, Versailles: 80 (6) – 162 (2) – 163.
Bundesarchiv, Koblenz: 77.
Jean-Louis Cohen, Paris: 81 (2) – 82 (1).
René Dazy, Paris: 55 (1) – 95 (1).
Direction des status de l'information historique, ministère de la Guerre, Paris: 68 (1) – 78 (1 und 2).
Euprapress, München: 130 – 131 – 132 – 133 – 134 – 136 – 138.
Patrice Fava, Paris: 102 (2) – 106 (2) – 117 (1 und 2) – 118 (1 und 2) – 121 (3).
Agence Gamma, Paris: 176 (2).
Zeitgeschichtliches Bildarchiv Heinrich Hoffmann: 67 (1).
Imperial War Museum, London: 75 (1) – 179 (1 und 2).
Index of Censorship, London: 129 (3).
Institut Luce, Rom: 56 – 57 (2).
Agence Keystone, Paris: 95 (4).
Archives David King, London: 26 – 28 (1) – 30 (1) – 36 – 39 (4) – 85 (1 und 2) – 148.
Editori Laterza, Mailand: 10.
Roger Pic, Paris: 105.
Archives Ringart, Palaiseau: 64 (1) – 68 (4).
Éditions Philippe Sers, Paris: 51 (1).
Éditions du Seuil, Paris: 31 (2).
Collection Edgar Snow, New York: 101 (2) – 103 (1) – 106.
Collection Helen Foster-Snow
Magnum, New York: 111 (1) – 120.
Time Life:178.
Süddeutscher Verlag, München: 72 (1 und 2) – 173 (1).
Roger Viollet, Paris: 54 – 81 (1).
Juan Vivès, Marseille: 166.
Westview Press Inc.: 145.

Allgemeine Bibliographie

Geschichte und Theorie der Fotografie

Beaumont Newhall, *Geschichte der Photographie,* Darmstadt 1984.
Helmut Gernsheim, *Geschichte der Photographie: die ersten 100 Jahre,* Frankfurt am Main 1983.
Raymond Lécuyer, *Histoire de la photographie,* Paris 1945.
Gisèle Freund, *Photographie und Gesellschaft,* München 1976.
Walter Benjamin, *Das Kunstwerk im Zeitalter seiner technischen Reproduzierbarkeit,* in: ders., *Gesammelte Schriften* Bd. I, 1, Frankfurt am Main 1974.
Ders., *Kleine Geschichte der Photographie,* in: op.cit. II, 1, Frankfurt am Main 1977.
Roland Barthes, »Rhétorique de l'image«, in: *L'aventure sémiologique,* Paris 1985.
Ders., *Die helle Kammer: Bemerkungen zur Photographie,* Frankfurt am Main 1985.
Ders., *L' obvie et l' obtus,* Paris 1982.
Susan Sontag, *Über Fotografie,* München, Wien 1978.
Albert Plécy, *La photo, art et langage;* Verviers 1971.
Volker Kahmen, *La photographie est-elle un art?,* Paris 1974.
Pierre Bourdieu et al., *Eine illegitime Kunst: die sozialen Gebrauchsweisen der Photographie,* Frankfurt am Main 1981.
Enrico Fulchignoni, *La civilisation de l'image,* Paris 1975.
John Berger, *Sehen: das Bild der Welt in der Bilderwelt,* Reinbek b. Hamburg 1976.
Ders., *Das Leben der Bilder oder die Kunst des Sehens,* Berlin 1981.
Guy Gauthier, *Vingt leçons sur l'image et le sens,* Paris 1982.
Ernst H. Gombrich, *Kunst und Illusion: zur Psychologie der bildlichen Darstellung,* Stuttgart, Zürich 1978.
Pierre Fresnault-Deruelle, *L'image manipulée,* Paris 1983.

Das Pressefoto

Tom Hopkinson, *Picture post 1938–1950,* London 1970.
Ders., *Instants d'années, 25 ans de World Press photo,* Paris 1981.
Harold Evans, *Front page history,* London 1984.
Ders., *Picture on a page,* London 1974.
Associated Press, *Instant it happened,* New York 1972.
Ken Baynes, *Scoop, scandal and strife,* London 1971.
John Faber, *Great moments in news photographie,* London 1960.
Arthur Rothstein, *Photojournalism,* New York 1965.
Gerald D. Hurley und Angus McDougall, *Visual impact in print,* Chicago 1971.
Wilson Hicks, *Words and pictures,* New York 1952.
Photo-journalisme, hrsg. von Pierre de Fenoyl, Paris 1977.
Tim N. Gidal, *Modern photojournalism, origin and evolution, 1910–1933,* New York 1972.
Ders., *Deutschland, Beginn des modernen Photojournalismus,* Luzern, Frankfurt am Main 1972.
Ders., *Life, the first decade, 1936–1945,* Boston 1979.

Die Propaganda und ihre Bilder

Jean-Marie Domenach, *La propaganda politique,* Paris 1950.
Jacques Ellul, *Histoire de la propaganda,* Paris 1967.
Ders., *Propagandes,* Paris 1962.
Monica Charlot, *La persuasion politique,* Paris 1970.
Anthony Rhodes, *Histoire mondiale de la propaganda de 1933 à 1945,* Brüssel 1980.
Guerres et propaganda ou comment armer les esprits, Ausstellungskatalog, Brüssel 1983.
Revue d'histoire de la Seconde Guerre mondiale, »Propagande, presse, radio, film«, Nr. 101, Januar 1976.
Stanley Baker, *Visual persuasion. The effect of pictures on the subconscious,* New York 1961.
Vance Packard, *Die geheimen Verführer: der Griff nach dem Unbewußten in jedermann,* Frankfurt am Main, Berlin, Wien 1982.
Jean-Paul Gourévitch, *La propaganda dans tous ses états,* Paris 1981.
Ders., *La politique et ses images,* Paris 1986.
Alain Gesgon, *Sur les murs de France,* Paris 1979.
Stéphane Marchetti, *Affiches 1939–1945, Images d'une certaine France,* Lausanne 1982.
Gary Yanker, *Prop art,* Paris 1972.
Max Gallo, *Geschichte der Plakate,* Herrsching 1975.
Zbynek Zeman, *Selling the war, art and propaganda in World War II,* London 1978.
L'imagerie politique, Ausstellungskatalog des Centre Pompidou, Paris 1977.
Jean-Paul Gourévitch, *L'imagerie politique,* Paris 1980.

Propaganda und Gegenpropaganda im Film 1933–1945, Katalog der Filmreihe, Österreichisches Filmmuseum, Wien 1972.
Leif Furhammar und Folke Isaksson, *Politics and film,* Stockholm 1968, London 1971.
»Cinéma et propaganda«, *Revue belge du cinéma* Nr. 8, Sommer 1984.
Marc Ferro, *Cinéma et histoire,* Paris 1977.
Ders., *Analyse de films, analyse de sociétés,* Paris 1975.
R. Taylor, *Film propaganda: soviet Russia and nazi Germany,* London 1979.
Jean-Pierre Jeancolas und Daniel-Jean Jay, »Cinéma d'un monde en guerre«, *La documentation française* Nr. 6024, Paris, August 1976.

Beeinflussung, Desinformation, Geschichtsverfälschung

A. Cave-Brown, *La guerre secrète,* Paris.
Léon Poliakov, *De Moscou à Beyrouth, essai sur la désinformation,* Paris 1983.
Sefton Delmer, *Opération Radio noire,* Paris 1965.
Pierre Nord, *L'intoxication,* Lausanne 1971.
Ladislas Bittmann, *Zum Tode verurteilt: Memoiren eines Spions,* München 1984.
Anthony Buzek, *How the communist press works,* London 1964.
Paul Lendvai, *Les fonctionnaires de la vérité,* Paris 1980.
Soviet Covert action (the forgery offensive), Anhörungen vor dem amerikanischen Kongreß, 96. Kongreß, 2. Sitzung, 6. und 19. Februar 1980, Washington.
John Barron, *KGB: Arbeit und Organisation des sowjetischen Geheimdienstes in Ost und West,* Bern, München 1974.
Ders., *Der KGB heute: Moskau Spionageorganisation von innen,* Bern, München 1984.
Brian Freemantle, *KGB,* London 1983.
Thierry Wolton, *Le KGB en France,* Paris 1985.
Ders., *Les Complots de la CIA,* Paris 1976.
Brian Freemantle, *La CIA, les secrets de l'honorable compagnie,* Paris 1986.
Philip Agee, *Journal d'un agent secret, dix ans dans la CIA,* Paris 1976.
Ernest W. Lefever und Roy Godson, *The CIA and the American ethic: an unfinished debate,* Washington 1979.
Richard H. Shultz und Roy Godson, *Dezinformatsia, avtive mesures in Soviet strategie,* Washington u. a. 1984.
La désinformation, arme de guerre, hrsg. von Wladimir Wolkoff, Paris 1986.
Jean-François Revel, *So enden die Demokratien,* München, Zürich 1984.
Normahn Cohn, *L'histoire d'un mythe,* Paris 1967.
Léon Poliakow, *La causalité diabolique,* 2 Bde., Paris 1981, 1985.
Christian Jelen, *L'aveuglement,* Paris 1984.
Marc Ferro, *L'Occident devant la révolution soviétique,* Brüssel 1980.
Jean-Noël Darde, *Le ministère de la vérité,* Paris 1984.
Marc Ferro, *Comment on raconte l'histoire aux enfants à travers le monde entier,* Paris 1981.
History in communist China, hrsg. von Albert Fenerwerker, Cambridge (USA) 1968.
Rewriting Russian history, hrsg. von C. E. Black, New York 1956.
Contemporary history in the soviet mirror, hrsg. von John Keep, London 1964.
Darüber hinaus siehe: *Le genre humain* (insbes. »La rumeur« Nr. 5, 1982; »La vérité« Nr. 7–8, 1983; »1984?« Nr. 9, 1984).
Index of censorship (insbes. Bd. 15, Nr. 2, Februar 1986 »False history?«).
L'Alternative und *La Nouvelle alternative* (insbes. Nr. 1, April 1986, »Les historiens dans l'histoire« von Karel Barosek).

Die Fotomontage

Dawn Ades, *Photomontage,* Paris 1976.
Irène Charlotte Lusk, *Montagen ins Blaue: Laszlo Moholy-Nagy, Fotomontagen und Collagen 1922–1943,* Berlin 1980.
Eckhard Siefmann, *Montage: John Heartfield,* Berlin 1977.
John Heartfield, *33 Fotomontagen,* Dresden 1974.
Ders., *Photomontages antinazis,* mit einem Vorwort von Denis Roche, Paris 1978.
Reiner Diederich und Richard Grübling, *Unter die Schere mit den Geiern! Politische Fotomontage in der Bundesrepublik und West-Berlin,* Berlin 1977.
Claude Leclanche-Boulé, *Typographies et photomontages constructivistes en URSS,* Paris 1984.
Giuliano Patti, Licino Sacconi und Giovanni Zilani, *Fotomontaggio,* Mailand 1979.

Fälschung von Fotografien

»Usines de faux«, *Témoignages de notre temps* Nr. 8, August 1934. »Images secrètes de la guerre«, *Témoignages de notre temps* Nr. 1, Mai 1933.
»Images secrètes allemandes de la guerre«, *Témoignages de notre temps* Nr. 3, Oktober 1933.
»Le bourrage de crânes«, *Crapouillot,* Juli 1937.
Donald E. English, *Political uses of photography in the Third French Republic 1871–1914,* Ann Arbor 1984.
»Les techniques des persuasions«, *Life la photographie,* Paris 1982.
Guy Durandin, *Les mensonges en propagande et en publicité,* Paris 1982.
»Photographic documentation on the bacteriological warfare waged by American forces in China and Korea«, Fotomappe, International Union of Students, 1952.
»Les photos bactériologiques sont des faux, voici pourquoi«, Sondernummer *Défendre la vérité,* 19. April 1952.
»Photos interdites«, *Objectif* 50, 1945.
»Bildfälschungen – Fotomontagen«, *Der Journalist,* Dezember 1957.
Yves Bourde, »Les faussaires de la photo«, *Photo* Nr. 34, Juli 1970.
Rainer Fabian, *Die Fotografie als Dokument und Fälschung,* München 1976.
Christopher Hitchens, »Mutilating Russia's photographic history«, *New Statesman,* 1. September 1978.
»The acceptable faces of Russia – and the real ones«, *The Sunday Times,* 10. März 1981.
Alain Jaubert, »Le pouvoir contre les images«, in: *L'Echo des Savanes Nr. 15, Oktober 1983.*
Ders., »La photo a toujours raison«, in: *L'Ane* Nr. 6, Herbst 1982.
Claude Roy, »L'Eloge de la retouche«, in: *Le Nouvel Observateur,* 25. September 1982.
Andreij Sinjawski, »Meeting in Naples« und »Artists at the service of the revolution«, in: *A-Ya* Nr. 5, 1983.
Isaac Deutscher und David King, *The great purges,* Oxford 1984.
»Falsified photograph«, *Index of censorship,* Bd. 14, Nr. 6, Dezember 1985.
Außerdem: *Svědectví* Nr. 77, 1. Trimester 1986.

Bibliographie nach Kapiteln geordnet

Bereits dort zitierte Werke wurden hier in der Regel nicht wieder aufgenommen

Das legendäre Leben Lenins

Edward Hallet Carr, *The bolshevik revolution,* 3 Bde., London 1950 – 1953.
Pierre Broué, *Le parti bolchévique,* Paris 1963.
Gérard Walter, *Lénine,* Paris 1950.
Leo Trotzki, *Mein Leben: Versuch einer Autobiographie,* Frankfurt am Main 1974.
Louis Fischer, *Lénine,* Paris 1966.
Henri Guilbeaux, *Le portrait authentique de Lénine,* Paris 1924.
Pierre Broué und David King, *Trotsky,* Paris 1979.
Lénine, Reihe »Génies et réalités«, Paris 1972.
Jean Bruhat, *Lénine,* Paris 1960.
Maxim Gorkij, *Unzeitgemäße Gedanken über Kultur und Revolution,* Frankfurt am Main 1972.
Chagi sovietov 1917–1936, Moskau 1977; *1937–1957,* Moskau 1981.
Sowjetische Fotografen, 1917–1940, Berlin 1980.
Pionniers de la photographie russe soviétique, Paris 1983.
Dix ans de photographie soviétique, Moskau 1928.
Ausstellung von Kunstwerken sowjetischer Meister, Moskau 1935.
Erste Photokunstausstellung der UdSSR, Moskau 1937.
Sergeij Morozow, *Sovjetskaja kudochestvennja fotografia 1917–1957,* Moskau 1958.
Ders., *Tvorgeskaja fotografia,* Moskau 1985.
Sowie: *L'Illustration* (1905–1924), *Prawda, Ogoniok, Sovjetskoje foto, Proletarskoje foto, Sovjetskij fotograficheskij almanach, Fotograf, Novy lef.*
Filme: *Lénine par Lénine* von Jacques Aujubault, Marc Ferro und Pierre Samson, 1970 (INA).

Szenen der Revolution

S. M. Eisenstein, Schriften, 4 Bde., München 1973–1984.
Ders., *Octobre,* ungekürztes Drehbuch, Paris 1971.
Le cinéma russe et soviétique, hrsg. von Jean-Loup Passek, Centre Pompidou, Paris 1981.
Jay Leda, *Kino, Histoire du cinéma russe et soviétique,* Lausanne 1976.
Luda und Jean Schnitzer, *Histoire du cinéma soviétique,* Paris 1979.
Der Sturm: beschrieben wurde das Schauspiel in *Vestnik Teatra* Nr. 75 vom 30. November 1920, dann von Evrejnov selbst in *Krasnaja milizioner* (Der rote Milizsoldat Nr. 14, 1920) und schließlich in *Le théâtre en Russie soviétique* (Paris 1946). Außerdem wird darüber berichtet in *Istoria sovjetskojo teatra* (Geschichte des sowjetischen Theaters), Leningrad 1933. Weitere Fotos des Schauspiels sowie die Skizzen Annenkovs wurden in *Agitaziono-massovoje isskustvo oformlenie prasdestv,* Moskau 1984, veröffentlicht. Man beachte, daß die Erstausgabe des Buches von John Reed (New York 1919) dieses Foto nicht enthält.

Mussolini, Herr der Bilder

Das faschistische Italien, Instituto Luce, Rom 1932.
Ausstellung der faschistischen Revolution, Rom 1933.
Enciclopedia italiana.
Giorgio Pini und D. Susmel, *Mussolini, l'uomo e l'opera,* 4 Bde., Florenz 1953–1958.
Renzo De Felice, *Mussolini,* 3 Bde., Turin 1965–1967.
Renzo De Felice und Luigi Goglia, *Storia fotograficha del fascismo,* Mailand 1981.
Dies., *Mussolini, il mito,* Mailand 1983.
Umberto Silva, *Kunst und Ideologie des Faschismus,* Frankfurt am Main 1975.
Massimo Cardillo, *Il Duce in moviola,* Bari 1983.
André Brissaud, *Mussolini,* 3 Bde., Paris 1983.
Dino Biondi, *La fabbrica del Duce,* Florenz 1967.
Max Gallo, *L'Italie de Mussolini,* Paris 1964.
Pascal Gallo, *Mussolini en images,* Brüssel 1978.
Pierre Milza, *Le fascisme,* Paris 1986.
Eléments pour une analyse du fascisme, Seminar von Maria-Antonietta Macciocchi, Paris 1976.
Le cinéma italien, 1905–1945, hrsg. von Aldo Bernardini und Jean A. Gili, Centre Pompidou, Paris 1986.
Zeitungen und Zeitschriften: *L'Europeo, Epoca, Storia illustrata, Il lavoro fascista, La Stampa, La difesa della Razza. Revue d'histoire de la Deuxième Guerre mondiale* Nr. 26, April 1957, »L'Italie mussolinienne«.
Filme: *Fascista* von Nico Naldini (1974), *Le fascisme en Italie* (Ciemathèque de l'enseignement public), *Histoire du fascisme* (Musée pédagogique), *La montée du fascisme* von G. Bruley (1956).

Die Regie des Dritten Reiches

Heinrich Hoffmann, *Hitler, wie ihn keiner kennt,* München 1932, 1934.
Ders., *Jugend und Hitler,* 1935.
Ders., *Hitler in seiner Heimat,* 1938.
Ders., *Mit Hitler im Westen,* 1940.
Ders., *Mussolini erlebt Deutschland,* 1937.
Ders., *Hitler was my friend,* London 1955.
Zbynek Zeman, *Nazi propaganda,* Oxford 1973.
Nazi propaganda, hrsg. von David Welch, London 1983.
Joachim C. Fest, *Hitler: eine Biographie,* Berlin 1973.
John Toland, *Adolf Hitler,* Bergisch Gladbach 1977.
Curt Riess, *Josef Goebbels: eine Biographie,* Wiesbaden 1975.
Albert Speer, *Erinnerungen,* Frankfurt/Main, Berlin, Wien 1969.
Werner Maser, *Adolf Hitler: Legende, Mythos, Wirklichkeit.* München, Esslingen 1971.
Alfred Grosser (Hrsg.), *Wie war es möglich? 9 Studien,* 2. Aufl., München, Wien 1978.
Ders., *Hitler, la presse et la naissance d'une dictature,* Paris 1972 und 1986.
Berthold Hinz, *Die Malerei im deutschen Faschismus: Kunst und Konterrevolution,* München 1974.
Adelin Guyot und Patrick Restellini, *L'art nazi,* Brüssel 1983.
Francis Courtade und Pierre Cadars, *Geschichte des Films im Dritten Reich,* Frankfurt/Main, Wien, Zürich 1976.
Siegfried Kracauer, *Von Caligari zu Hitler: eine psychologische Geschichte des Films,* Frankfurt am Main 1984.
Veit Harlan, *Le cinéma selon Goebbels,* Paris 1975.

Ikonen des Stalin-Kults

Boris Souvarine, *Staline,* Paris 1935, Neuaufl. 1977.
Robert C. Trucker, *Staline révolutionnaire,* Paris 1975.
Lily Marcou, *Les staline,* Paris 1979.
Emmanuel d'Astier de la Vigerie, *Sur Staline,* Lausanne 1967.
Georges Bortoli, *Als Stalin starb: Kult und Wirklichkeit,* Stuttgart 1974.
Hélène Carrère d'Encausse, *Staline, l'ordre par la terreur,* Paris 1979.
Jean-Jacques Marie, *Staline,* Paris 1967.

Boris Bajanow, *Bajanow révèle Staline,* Paris 1977.
Isaac Deutscher, *Stalin. Eine politische Biographie.* Berlin 1979.
Isaac Deutscher und David King, *The great purges,* Oxford 1984.
Branko Lazitch, *Le rapport Khrouchtchev et son histoire,* Paris 1976.
Leo Trotzki, *Stalin: eine Biographie,* Herrsching 1982.
Pierre und Irène Sorlin, *Lénine, Trotsky, Staline, 1921–1927,* Paris 1961.
A. B. Ulam, *Staline, l'homme et son temps,* 2 Bde., Paris 1977.
Le procès de Moscou, hrsg. von Pierre Broué, Paris 1964.
Au pays des Soviets, hrsg. von Fred Kupferman, Paris 1979.
Alexander Solschenizyn, *Der Archipel Gulag,* 3 Bde., Bern, München 1976.
Branko Lazitch und Milorad Drachkowitch, *Biographical Dictionary of the Comintern,* Stanford 1973.
Paris-Moscou, Ausstellungskatalog des Centre Pompidou, Paris 1979.
»Le cinéma stalinien«, *Cinématographe* Nr. 55, 1982.
»La guerre froide«, *La documentation photographique* Nr. 6045, Februar 1980.
»L'URSS depuis 1945«, *La documentation photographique* Nr. 6076, April 1985.
André Bazin, »Le mythe de Staline dans le cinéma soviétique«, in: *Le cinéma français de la libération à la nouvelle vague,* Paris 1983.
Filme: *The red Tsar,* Filmserie von Paul Neuburg (TWT, 1978), *Staline* von Jean Aurel (1985).
Darüber hinaus siehe: *L'URSS en construction, L'Union soviétique, Prawda, Ogoniok, Izvestia.*

Die maoistische Saga

Edgar Snow, *Living China,* London 1938.
Ders., *Roter Stern über China,* Frankfurt am Main 1971.
Nym Wales, *Inside red China,* New York 1939.
Dies., *Red dust: autobiographies of Chinese communists,* Stanford 1952.
Harold R. Isaacs, *La tragédie de la révolution chinoise,* Paris 1967.
Stuart R. Schramm, *Mao Tse-tung,* London 1966, Paris 1972.
Agnes Smedley, *China kämpft: vom Werden des neuen China,* Berlin 1978.
Dies., *Der große Weg. Das Leben Marschall Tschu Tehs,* Berlin 1958.
Jacques Guillermaz, *Histoire du parti communiste chinois,* 2 Bde., Paris 1968 und 1975.
Ders., *Le parti communiste chinois au pouvoir 1949–1972,* Paris 1972.
Simon Leys, *Maos neue Kleider: hinter den Kulissen der Weltmacht China,* München, Wien, Basel 1972.
Ders., *Ombres chinoises,* Paris 1974.
Ders., *Images brisées,* Paris 1976.
Claude Hudelot, *Der lange Marsch,* Frankfurt am Main 1972.
Roxane Witke, *Genossin Tschiang Tsching: die Gefährtin Maos erzählt ihr Leben,* München, Zürich 1977.
Ross Terrill, *Madame Mao,* Paris 1984.
Ders., *Péking, un procès peut en cacher un autre,* Paris 1982.
Patrice und Chantal Fava, Jean Leclerc du Sablon, *Chine,* Paris 1977.
Emile Guikovaty, *Das neue Leben des Mao Tse-tung.* Mit einem Vorwort von Simon Leys, Frankfurt am Main 1977.
Lois Wheeler Snow, *Edgar Snow's China,* London 1981.
Le cinéma chinois, herausgegeben von Marie-Claire Quiquemelle und Jean-Loup Passek, Paris 1985.
Régis Bergeron, *Le cinéma chinois,* Paris 1983.
Donald W. Klein, Anne B. Clark, *Biographic dictionary of Chinese communism 1921–1965,* Cambridge (USA) 1971.
Darüber hinaus siehe: *La Chine, Littérature Chinoise, Pékin information, La Chine en construction, La photographie chinoise.*

Vom Umsturz zum »Prager Frühling«

André Fontaine, *Histoire de la guerre froide,* Paris 1965.
Hubert Ripka, *Le coup de Prague,* Paris 1949.
François Fejtö, *Le coup de Prague 1948,* Paris 1976.
Ders., *Die Geschichte der Volksdemokratien,* 2 Bde., Graz, Wien, Köln.
Karel Kaplan, *Die politischen Prozesse in der Tschechoslowakei 1948–1954,* München 1986.
Jean-Pierre Rageau, *Prague 48, Le rideau de fer s'est abattu,* Brüssel 1981.
Arthur London. *Ich gestehe. Der Prozeß um Rudolf Slansky,* Hamburg 1970.
Milan Kundera, *Das Buch vom Lachen und vom Vergessen,* Frankfurt am Main 1980.
Lili Marcou, *Le Kominform,* Paris 1977.
Pavel Tigrid, »The Prague coup of 1948, the elegant takeover«, in: *The anatomy of communist takeovers,* München 1971.
Karel Kaplan, *Der kurze Marsch, Kommunistische Machtübernahme in der Tschechoslowakei 1945–1948,* München 1981.
Ders., *Dans les archives du Comité Central,* Paris 1978.
Edward Taborsky, *Communism in Czechoslovakia 1948–1960,* Princeton 1961.
H. Kuhn und O. Böss, *Biographisches Handbuch der Tschechoslowakei,* München 1961.
Zeitungen und Zeitschriften: *Reporter* (1968–1969), *Literarni listy* (1968–1969), *Student* (1968), *Photo,* Nr. 34, Paris, Juli 1970, (Yves Bourde, »Les faussaires de la photo«), *Index of censorship* Bd. 14, Nr. 6, Dezember 1985 (»Falsified photographs«), *Svědectví* Nr. 77, 1986.

Lebensläufe und Schlachten in Asien

Bernard B. Fall, *Diên Biên Phu, un coin d'enfer,* Paris 1968.
René Bail, *Indochine 1953–1954, les combats de l'impossible,* Paris 1985.
Roman Karmen, *Vospominaniak sovremiennikov,* Moskau 1983.
Roman Karmen, *Vietnam zrashetsia: zanik sovietskovo kinooperatora,* Moskau 1958.
Jules Roy, *Der Fall von Dien Bien Phu, Indochina – Der Anfang vom Ende,* München, Esslingen 1964.
Diên Biên Phu, 32minütige Sendung mit Kommentaren von Oberst Bigeard und Pierre Schoendoerffer (1964, INA, Nr. 645 839) im Rahmen der Serie »Cinq colonnes à la une«.
Bezüglich der Finanzierung der nordkoreanischen Propaganda siehe *Le Monde* vom 19. und 20. Oktober 1976 sowie *Libération* vom 16. November 1976. Auf Personenkult und bezahlte Werbung wurde bereits in einem Artikel von Philip Oakes, »The canonisation of comrade Kim« (*The Sunday Times,* 30. September 1973), eingegangen.
Robert W. Chandler, *War of ideas: the US propaganda campaign in Vietnam,* Boulder (Colorado) 1981.

Balkan-Revolutionen

Emile Guikovaty, *Tito,* Paris 1979.
Wladimir Dedijer, *Dnevnik,* Belgrad 1951.
Ders., *Tito parle,* Paris 1953.
Milovan Djilas, *Tito,* Rastatt 1982.
Thomas Schreiber, *La Yougoslavie de Tito,* Paris 1977.
Branko Lazitch, *Tito et la révolution yougoslave,* Paris 1957.
Phyllis Auty, *Tito: Staatsmann aus dem Widerstand,* Gütersloh u. a. 1973.

David Smiley, *Albanian assignment,* London 1984.
Shefqet Peci, *Kujtime dhe Dokumenta nga lufta nacional-çlirimtare,* Tirana 1959.
Hulesi Topollaj, *Partizanët e gramozit,* Tirana 1968.
Enver Hoxha, *Begegnungen mit Stalin: Erinnerungen,* Dortmund 1980.
Ders., *Les titistes,* Tirana 1982.
Darüber hinaus siehe: *Shqiperia e re, L'Albanie nouvelle; Ylli.*

Die Trompe-l'œils der kubanischen Geschichte

Luis Conte Aguero, *Fidel Castro, vida y obra,* Havanna 1959.
Fidel Castro, *La historia me absolvera,* Havanna 1960, 1961, 1964, 1973, 1975; vgl.: »Die Geschichte wird mich freisprechen«, in: ders., *Fanal Kuba. Reden und Schriften 1960–1962,* Berlin 1963.
Ernesto »Che« Guevara, *Bolivianisches Tagebuch:* Anhang: *Partisanenkrieg, eine Methode; Mensch und Sozialismus auf Cuba; Botschaft an die Völker der Welt.* Vorwort von Fidel Castro. München 1973.
Ders., *Episoden aus dem Revolutionskrieg,* Frankfurt am Main, 1978.
Ders., *Tres combates,* Havanna 1965.
Carlos Franqui, *Ritrato de familia con Fidel,* Barcelona 1981.
Maurice Halperin, The rise and decline of Fidel Castro, Berkeley 1972.
K. S. Karol, *Les guerilleros au pouvoir,* Paris 1970.
Robert Merle, *Moncada: Fidel Castros erste Schlacht,* Berlin, Weimar 1978.
Herbert Matthews, *Revolution in Cuba,* New York 1975.
Mario Llerena, *The unsuspected revolution, the birth and rise of Castroism,* Ithaca 1978.
Theodor Draper, *La révolution de Castro,* Paris 1963.
Carlos Alberto Montaner, *Informe secreto sobre la revolución cubana,* Madrid 1976.
Juan Vives, *Les maîtres de Cuba,* Paris 1981.
Armando Valladares, *Mémoires de prison,* Paris 1986.
Fernando Arrabal, *Im Schatten der roten Inquisition: Kuba heute = Orwell 1984?,* Berlin 1984.
Darüber hinaus siehe: *Bohemia* (von 1954 bis 1968), *Hoy, Revolución, Cuba* (jetzt *Cuba internacional), Granma,* wöchentliche Auswahl von *Granma* in französischer Sprache, *Casa de las Americas, Paris-Match* (1959–1968), *Life* (1959–1964).
Dossiers: *Tribunal Cuba,* Internationale de la Résistance, Paris, April 1986.

Die sowjetische Tradition

Chruschtschow erinnert sich, hrsg. von Strobe Talbott, Frankfurt am Main 1971.
Wolfgang Leonhard, *Nikita Sergejewitsch Chruschtschow. Aufstieg und Fall eines Sowjetführers.* Luzern, Frankfurt am Main 1965.
Pierre Daix, *L'avènement de la nomenklatura, la chute de Khrouchtchev,* Brüssel 1982.
Hélène Carrère d'Encausse, *Le pouvoir confisqué,* Paris 1980.
Michel Heller und Alexander Nekrich, *Geschichte der Sowjetunion,* Frankfurt am Main o. J.
James E. Oberg, *Red star in orbit,* New York 1981.
Jaurès Medvedev, *Soviet Science,* New York 1978.
Leonid Wladimirow, *Moskaus großer Bluff: die geheime Geschichte der sowjetrussischen Raumfahrt,* Hamburg 1973.
Darüber hinaus siehe: *Prawda, Izwestija, Ogonjok, Etudes soviétiques.* Außerdem: *Aviation week and space technology, Spaceflight, Air et Cosmos, La documentation photographique* (Nr. 6045, Februar 1980, »La guerre froide«, Nr. 6076, April 1985, »L'URSS depuis 1945«), *Problèmes politiques et sociaux* (La documentation française), *Est et Ouest.*

Wenn die Methoden exportiert werden

Grierson on documentary, hrsg. von F. Hardy, London 1946.
F. Hardy, *John Grierson, a documentary biography,* London 1979.
Creative Camera Nr. 247-248, Juli–August 1985, »Information and propaganda«.
Philippe Robrieux, *Maurice Thorez, vie secrète et vie publique,* Paris 1975.
Ders., *Histoire intérieure du parti communiste français,* 4. Bde., Paris 1980–1984.
André Marty, *In den Kerkern der französischen Republik,* Berlin 1924 und Königstein, München 1981 (Nachdruck).
Charles Tillon, *Un »procès de Moscou« à Paris,* Paris 1971.
Auguste Lecœur, *L'autocritique attendue,* 1965? *Le PCF continuité dans le changement,* Paris 1977.
Liaisons Nr. 23, 16. Dezember 1963.
Informationen über das aktuelle Bild findet man in den Interviews von *Presse actualité* mit Gérard Blanchard (Nr. 101, Mai 1975), Albert Plécy, Paul Almassy, Jules Coritti und Anne-Marie Thibault-Laulan (Nr. 113, November 1976).
Darüber hinaus siehe: *Presse actualité, Creative Camera, News Photographer, National Press photographer.*

Das dem Buch als Motto vorangestellte Zitat aus George Orwells *1984* folgt der Übersetzung von Michael Walter (Frankfurt am Main u. a. 1984, S. 46f).

Inhalt